AF286356

Aurelia Louise Jones

Die Aufstiegsflamme
der Reinheit und Unsterblichkeit

Einweihungen,
Zeremonien und Gebete

R. Lippert-Verlag

© COPYRIGHT Juni 2007 by Aurelia Louise Jones,
Mount Shasta Light Publishing, P.O. Box 1509,
Mount Shasta, CA 96067-1509. This translation is
published by arrangement with Aurelia Louise Jones
of Mount Shasta Light Publishing.

Übersetzung: Susanne Supper
Überarbeitung: Renate Lippert
Titelbild: Rudolf Lippert
Gestaltung: Renate und Rudolf Lippert

English Language Copyright © Aurelia Louise Jones
Deutsche Erstausgabe Dezember 2008
        © COPYRIGHT
        by R. Lippert Verlag, Hartgass 9, D-88639 Wald.
        Tel.: 07578-2229, Fax: 07578-933194
        www.lippert-verlag.de
        e-mail: service@lippert-verlag.de
In Deutschland gedruckt
ISBN 978-3-933470-14-0

Inhalt

Inhalt

Einleitung von Adama

Dieses Aufstiegsbüchlein, zusammen mit dem Gebets-
büchlein, wurden auf Ersuchen der Meister der Spirituellen
Hierarchie unseres Planeten erstellt. Hierzu gehört auch Lord
Maitreya, der Planetare Christus. Es wird nun euch und der
Öffentlichkeit in gedruckter Form dargeboten. Ein
bestimmter Teil der Informationen und Gebete, die in den
Aufstiegs- und Gebetsbüchlein enthalten sind, wurden
bereits in dem Buch *Telos Band 3* niedergeschrieben. Dennoch
wünschen wir, die mit der planetaren Evolution beauftragten
Meister der Weisheit, dass ein Teil dieser Informationen
nochmals in diesen zwei Büchlein dargelegt wird, ergänzt
mit neuen, in den anderen Veröffentlichungen noch nicht
enthaltenen Informationen. Dies ist für jene von euch sehr
wichtig, die zum ersten Mal mit den Büchern in Kontakt
kommen.

Die Idee des Aufstiegsbüchleins entstand auf Anfrage von
hunderten von Menschen weltweit, die über solch ein
Werkzeug verfügen möchten, das sie in die Lage versetzt, das
weiterzugeben, was sie durch die Lektüre der Telos-Bücher
und durch ihre Teilnahme an den von uns durch Aurelia
veranstalteten Workshops gelernt haben. Sie baten darum,
ein praktisches und handliches Schriftstück zu haben, das sie
mit anderen Menschen teilen können. Diese Bücher wurden

hauptsächlich, aber nicht ausschließlich, für solche Menschen erstellt, die mit unseren Lehren in Berührung kommen und die ernsthaft wünschen, sich selbst im planetaren Dienst und dem Aufstieg zu engagieren. Nutzt sie als Werkzeuge, um zur Erschaffung von Lichtnetzen überall auf der Erde beizutragen, zur Selbstheilung, zur Heilung der Menschheit und der Erde.

Eure Gebete und Zeremonien werden durch individuelle und Gruppenaktivitäten zur Reinigung und Anhebung eurer Schwingungen und eures Bewusstseins beitragen. Jedes Mal, wenn ihr eure Energie in diesen Dienst stellt, werdet ihr euren eigenen Weg und Aufstiegsprozess beschleunigen. Als Kontakt- und Lichtpunkte werdet ihr euch energetisch mit anderen Menschen auf dem Planeten verbinden, die dasselbe tun.

Ihr werdet zu der Ausdehnung und Manifestation der "Impulsgebung" beitragen, die benötigt wird, um die Erde und ihre Menschen im wahrsten Sinne des Wortes auf eine 5-dimensionale Frequenz anzuheben. Dies kann ohne eure aktive Beteiligung nicht stattfinden.

Als Meister Saint Germain vor einiger Zeit diese Lehre verkündete, sagte er: *Jedes Mal, wenn ihr für die Erde, den Planeten und andere Menschen betet, indem ihr Liebe und Licht in dunkle oder herausfordernde Situationen sendet, leistet ihr einen Beitrag zur Erschaffung einer besseren Welt. Dadurch erhaltet ihr ein Vielfaches der Energien, die ihr ausgesendet habt, zurück, plus 80 % dessen, was ihr erbeten habt. Dies hilft euch bei eurer eigenen Heilung, eurem Vorankommen und eurer Beschleunigung. Eure Hingabe, die magischen Energien der sieben heiligen Flammen anzurufen, ist für alle Seiten ein garantierter Gewinn, in Verbindung mit den Meistern, die ihre Zeit, ihre Liebe und Energie opfern, indem sie zur Evolution jeder Seele dieses Planeten beitragen. Wir schließen uns euch in all euren Gebeten an und so bildet ihr dann zusammen mit uns ein Team.*

Wir ermuntern euch dazu, euch einige dieser Bücher zu besorgen und diese dann großzügig an Menschen zu verteilen, von denen ihr fühlt, dass sie sie mit einem offenen Herzen in Empfang nehmen werden. Schließt euch mit anderen gleich gesinnten Menschen zusammen und führt ein oder zwei Mal im Monat bei euch zu Hause oder an einem Versammlungsort Aufstiegszeremonien durch. Öffnet auch eure Herzen, um die Energien des heiligen Feuers mit Hilfe der euch gegebenen Gebete anzurufen. Wenn ihr dies tut, bittet uns um unsere Teilnahme. Dies wird eure Bemühungen um ein tausendfaches steigern. Diese Art von planetarem Dienst ist ein Teil eures Einweihungsweges und ist notwendig für jene, die sich selbst als Kandidaten für den Aufstieg betrachten.

Serapis Bey

(Das Bild ist im Lippert-Verlag erhältlich)

Die Aufstiegsflamme der Reinheit und Unsterblichkeit

Die wichtigsten göttlichen Qualitäten und Einflüsse des vierten Strahls:

Reinheit, Ganzheit, Christusbewusstsein und Gottwerdung durch das Bewusstsein der Göttlichen Mutter.

Zugeordnetes Chakra: Wurzelchakra
Farbe: Reines blendendes Weiß
Zugeordnete Steine: Azur, Schneequarz und Mutter der Perlen

Chohan des vierten Strahls:
Meister Serapis Bey
Sein Retreat: Die große Aufstiegshalle
Tempel in Luxor, Ägypten

Erzengel des vierten Strahls mit göttlicher Ergänzung:
Gabriel und Hope
Ihr Retreat: Zwischen Sacramento und Mount Shasta, Kalifornien, USA

Elohim des vierten Strahls mit göttlicher Ergänzung:
Purity und Astrea
Ihr Retreat: In der Nähe des Golfs der Erzengel, Russland

Über Meister Serapis Bey

Meister Serapis Bey ist der Chohan des vierten Strahls, der Hüter der Aufstiegsflamme. Er ist ein strenger Vorgesetzter, durch die Jahrhunderte bekannt für seine strikte Disziplin. Wahre Disziplin bedeutet nicht Kontrolle über andere Menschen, um dem angeborenen Prozess entgegenzuwirken, sondern stattdessen hält sie die menschlichen Qualitäten unter Kontrolle, um dem wahren Selbst zu erlauben, Ausdruck zu finden. Dies ist wesentlich für die Erlangung des Aufstiegs als Höhepunkt aller Verkörperungen. Er widmet sich der Vervollkommnung der Seele durch Mitgefühl, Geduld, Verständnis und Selbstdisziplin. Er steht allen bei, die ihn um Hilfe bitten, bei der Entwicklung der intuitiven und kreativen Fähigkeiten des Herzens. Meister Serapis Bey kann angerufen werden, um eure Augen für die Schönheit der Schöpfung Gottes zu öffnen. Er steht allen bei, die ihn anrufen und ihre aus dem Herzen kommenden kreativen Aspekte zum Ausdruck bringen.

Verkörperungen von Meister Serapis Bey

Serapis Bey war vor mehr als 11.500 Jahren als Hohepriester in dem Aufstiegstempel auf Atlantis verkörpert. Er ist derjenige, der kurz vor der Vernichtung des Kontinents die Aufstiegsflamme von Atlantis nach Ägypten brachte.

Serapis Bey verbrachte viele Leben am Nil, und als der ägyptische Pharao Amenhotep III (1379 - 1417 v. Chr.) wurde er „der Prächtige" genannt. Er führte Ägypten zum Höhepunkt seines diplomatischen Prestiges, des Wohlstandes und Friedens. Seine umfangreichen Aktivitäten zur Erbauung von Monumenten, Palästen und Tempeln schließt den Bau des Tempels von Luxor mit ein.

Seine bekannteste Inkarnation war die des Leonidas, Königs von Sparta, des großen Kriegers, der die Spartaner in dem berühmten Krieg in Thermopylae, Griechenland, anführte. Serapis Bey stieg ca. 400 v. Christus auf.

Der Tempel von Luxor

In Ägypten, entlang des Nilufers, existiert ein Brennpunkt der Großen Weißen Bruderschaft, welcher der Bewahrung der kosmischen Aufstiegsflamme gewidmet ist. Der Aufstiegstempel in Luxor erhält das Pulsieren der Aufstiegsflamme in der Atmosphäre der Erde aufrecht. Jene der menschlichen Rasse, die in jedem Jahrhundert mit dem Wunsch erwachen, die Inkarnationszyklen zu beenden, erhalten die Verantwortung für die Aufstiegs-Bruderschaft. Ihr Dienst am Leben besteht darin, die Gelegenheiten für die notwendigen Einweihungen für die Anwärter zu schaffen, die nach Luxor kommen, um sich für den Aufstieg zu

11

qualifizieren. Serapis Bey, der Meister der Liebe, erklärt, dass Luxor die Gelegenheit für spirituelle Entwicklung bietet.

Die Aufstiegsflamme von Luxor und jene von Telos haben beide die gleichen Frequenzen und sind für die Menschen der Erde verfügbar. Diese Flamme wird ungehindert von dem Königreich der Natur jedes Jahr aufs Neue zur Wiederauferstehung im Frühling genutzt.

Meister Serapis Bey: *Der Anwärter für den Aufstieg muss „sieben Haupteinweihungen" durchlaufen. Der Anwärter muss erfolgreich die Disziplinen der sieben großen Tempel absolvieren.*

„Ich bin verkörperte Disziplin", sagt Serapis Bey. Viele Jahrhunderte hindurch haben die meisten Menschen diese Disziplin gefürchtet. Ich betrachte hingebungsvoll, wie ihr die Feuer der Reinigung durchschreitet und dass ihr, die ihr die Gelegenheit wünscht, euren Aufstieg zu erlangen, durchhalten könnt bis zu dem Tag eures Sieges. Engel des Aufstiegstempels sammeln all die Gebete, Anbetungen, Gesänge, Hingabe und Segen, die in gemeinschaftlichen oder individuellen Gebeten von Individuen nach oben gesendet wurden. Diese Energien, die durch die hingebungsvollen Praktiken erzeugt wurden, werden sorgsam eingewoben in den sich immer weiter ausdehnenden spirituellen

Energiestrom. Jede neue Seele, die den Aufstiegsstatus erreicht, erleichtert es dem nächsten Lebensstrom, sich diese vollkommen angereicherte kosmische Impulsgebung von jenen, die schon vorangegangen sind, zu Nutze zu machen.

1. Der Anwärter muss lernen, alle Gedanken und Gefühle zu kontrollieren und zu transformieren, die nicht im Einklang mit seinem göttlichen Selbst stehen. Dies ist die Meister-Einweihung des ersten Tempels, des Tempels des göttlichen Willens, die der Hoffnungsvolle und Tapfere zu bestehen hat. Der Anwärter muss lernen, mit seiner eigenen göttlichen Gegenwart zu kommunizieren und in sich selbst wahre Demut davor zu entwickeln. In diesem ersten Tempel, unter der Leitung von Meister El Morya und seinen Helfern, wird dem Anwärter bei der Auflösung der Rebellion beigestanden. Rebellion entfernte Luzifer aus dem Herzen des Himmels; die Rebellion gegen Disziplin und Selbstkorrektur ist ein Hindernis für den wahren spirituellen Fortschritt. Durch Disziplin in Form eines erholsamen nächtlichen Schlafes, Enthaltsamkeit in Bezug auf Tabak, Alkohol und Entspannungsmitteln erleichtert ihr euch euren Weg zu eurem glorreichen Sieg. Jene, die noch nicht bereit sind, diese Disziplin zu akzeptieren, fühlen noch nicht genügend Anreiz, der beste, der höchste und der größte Ausdruck eines inkarnierten Gottes zu werden.

2. Jene, die erfolgreich die Einweihungen des ersten Tempels durchschritten haben, werden zum zweiten Tempel gebracht, bekannt als der Tempel des Lernens. Unter Führung von Meister Lanto, Meister Kuthumi und der Bruderschaft der Goldenen Robe erhalten sie Unterweisungen in das Gesetz. Hier entwickeln sie das Verständnis des Gesetzes von Ursache und Wirkung und aller anderen universellen Gesetze. Es ist eine angenehme und fröhliche Zeit des Säens, des Lebenshauch-Spendens für die ausgesäten Samen und der Ernte der Früchte der Arbeit. Es ist die Zeit, in der der Künstler seine Fähigkeiten, der Musiker seine Finger-fertigkeiten und der Lehrer seine Redegewandtheit entwickelt, um seinen Studenten Wissen zu vermitteln.

3. Jene, die erfolgreich die Einweihungen des zweiten Tempels durchlaufen haben, werden zum dritten Tempel gebracht, dem Tempel der Liebe, unter dem hohen Schutz und der Führung des geliebten Meister Paul, der Venezianer. Hier muss der Anwärter die Disziplin der bedingungslosen Liebe und Harmonie für seinen eigenen Lebensstrom und für alle anderen Formen des Lebens lernen. Er wird mit jenen in Wohnquartieren untergebracht, die in sich selbst dazu neigen, besonders unangenehm für andere Menschen zu sein. Hier ist die Zahl der Anwärter rückläufig und mit einem großen Gefühl der Erleichterung stürmen viele Kandidaten durch die Tür hinaus und verlassen uns. In Frieden mit

seinen Mitmenschen zu leben ist eine der schwierigsten Prüfungen im nicht-aufgestiegenen Zustand. Obwohl die Gnade, die Schönheit und die Freundlichkeit dieses großen Meisters so erstaunlich sind, dass sie ein Herz aus Stein zum Schmelzen bringen könnten, so ist die Disziplin, die er fordert, um Toleranz, Mitgefühl und Verständnis zu erlernen, derart schwierig zu leisten, dass es nur wenigen gelingt.

4. Vom dritten Tempel aus begibt sich der Initiat in den vierten Tempel, den Tempel des Aufstiegs. Dies ist der erste persönliche Kontakt, den Serapis Bey mit dem Anwärter hat. Zum ersten Mal muss der Anwärter genügend Reinheit aufweisen, um seiner ICH BIN - Gegenwart und seinem heiligen Christus-Selbst Auge in Auge gegenüber zu stehen. In der Einweihung wird der Meister selbst in der Aura des Initiaten stehen und viele der Ungleichgewichte aufzeigen, die noch in den inneren Körpern existieren. Zu diesem Zeitpunkt wird der Anwärter viele Stimmen hören und nur durch wahre Unterscheidung, Gebet, Selbstlosigkeit und Demut kann er die „Stimme der Stille" wahrnehmen. Es ist der Moment, in dem dem „Selbst" die Tricks des Egos und subtiler Erscheinungen gezeigt werden. Der Anwärter muss sich selbst einbringen, um alle vergangenen menschlichen Kreationen zu reinigen und sie in reinweiße Licht-Strahlen zu transformieren.

5. Nach Beendigung der Einweihungen des vierten Tempels sind die Schüler bereit für die Disziplin des fünften Tempels, des Tempels der Weihe. Hier wird ihnen das Gewand der Weihe umgelegt, sie erhalten goldene Sandalen für ihre Füße und eine seidene Robe für ihren Körper. Meister Hilarion oder der geliebte Raphael führen diese Weihe durch, bei der alle Körpersysteme der Reinheit und dem Aufstieg geweiht werden. Danach erfolgt die Weihe der Hände, die von der Flamme der Heilung durchdrungen werden, und die Weihe der Füße, die zum Anker des heiligen Feuers werden, wohin auch immer der Körper sich begibt. Die Weihe der Lippen findet statt, damit die heiligen Worte gesprochen werden, welche die Manifestation der Präzipitation und der heilenden Kräfte anruft und verfügt. Die Weihe der Energien der Augen befähigt den Schüler dazu, Perfektion zu erkennen und diese hervorzubringen. Hiermit enden die Weihen.

6. Der Anwärter wird nun zum sechsten Tempel gebracht, dem Tempel des Dienens. Dort wird von ihm erwartet, dass er eine Zeit lang seine weltlichen Bestrebungen beiseite legt, um anderen Menschen zu dienen und um der Hüter seines Bruders zu werden. Weiterhin wird von ihm erwartet, dass er sich freiwillig meldet, einen Teil seiner Zeit dem planetaren Dienst zum Wohle für die Menschheit zu widmen, nicht nur für sich selbst und für seine Familie. Er muss lernen, die gesamte Menschheit mit in sein Herz einzuschließen, indem

er sich vollkommen bewusst wird, dass die Bedürfnisse des einen auch die Bedürfnisse von vielen beeinflussen. Im sechsten Tempel, unter der Patenschaft von Meister Sananda und seiner geliebten Zwillingsflamme Nada (auch bekannt als Jesus und Maria Magdalena), wird der Anwärter dahingehend trainiert, alle Aspekte des Lebens zu pflegen und ihnen zu dienen und ein Diener im Dienste Gottes zu werden.

Bevor ein Anwärter für den Aufstieg ein Meister werden kann, muss er auch die Disziplinen des demütigen Dieners erlernen, des selbstlosen Dienens, der wahren Bruderschaft und des Gehorsams der Hierarchie gegenüber. Jene, die fast ihr ganzes Leben im Dienste unterschiedlicher Aktivitäten oder Organisationen verbringen, um dem Bewusstsein des Kollektivs zu dienen und dieses zu mehren, sind für gewöhnlich Eingeweihte der sechsten Stufe. In der Vergangenheit sah Serapis Bey zu häufig viele von euch, die Luxor verließen mit der inneren Bereitschaft, die Welt in Flammen zu setzen, nur um sich bereits beim Hinuntergehen der Stufen des großen Tempels von dieser Haltung wieder zu entfernen. Dadurch verpassten so viele von euch ihre Gelegenheit zum Aufstieg in vielen Inkarnationen.

7. Nachdem der Anwärter die Einweihungen der ersten sechs Tempel durchlaufen hat, ist er bereit den siebenten Tempel

zu betreten, den Tempel der Violetten Flamme, wo jedes Atom, jede Zelle und jedes Elektron seines Seins vollständig gereinigt wird durch die Violette Flamme unter der Schirmherrschaft von Meister Saint Germain. Der Anwärter wird zu einem Fenster, durch das das göttliche Leben mit vollkommener Reinheit hereinfließt. Der physische Körper wird über die größtmögliche Leichtigkeit und Gnade innerhalb der Gesetze der Harmonie verfügen, wenn ihr euch davor hütet, jene Substanzen in euren physischen Körper hineinzugeben, die seine natürlichen Schwingungen verändern und ihn dadurch von der Harmonie der Sphären der göttlichen Liebe abtrennen. Wenn der Anwärter bereit ist, den Willen Gottes vollkommen ins Außen zu tragen und die Vorbereitungen unternommen werden, welche die letzte Phase der Abschlusszeremonie des Aufstiegs einleiten, dann ist alles vorbereitet für den Anwärter, ein „Aufgestiegener Meister" zu werden. Versteht ihr? Segenswünsche aus dem Herzen von Luxor!

Botschaft aus dem Herzen von Meister Serapis Bey, dem Meister der Liebe

Geliebte Brüder und Schwestern der Erde, aus der großen Liebe meines Herzens sende ich jedem von euch, der diese Aufzeichnungen liest, die Segenswünsche von Luxor und Telos. Erkennt, meine Geliebten, dass es niemals in der Geschichte der Erde für die Menschheit diese Gelegenheit gegeben hat, die Freiheit ihres glorreichen Aufstiegs zu erreichen, die jetzt mit so viel Leichtigkeit und Gnade in dieser wundersamen Vorbereitungszeit für den Aufstieg eures Planeten dargeboten wird. Ein außergewöhnliches Fenster von Gelegenheiten eröffnet sich für jene Menschen, die wünschen, ihre spirituelle Freiheit zu erlangen und die bereit sind, zu tun, was immer getan werden muss, um dies geschehen zu lassen.

Ich behaupte nicht, dass es völlig einfach für jeden sein wird. Mein Versprechen an euch ist, dass ich, und die großen Teams der Bruderschaft des Aufstiegs von Luxor und Telos, bereit stehen, um jene mit viel Liebe und Mitgefühl zu unterstützen und vorzubereiten, die sich ernsthaft ihrer Evolution verpflichten.

Ja, viele von euch werden immer wieder zeitweiligen Herausforderungen gegenüber stehen. Wenn ihr aber dieser sich im Moment bietenden außergewöhnlichen Gelegenheit mit Unterwerfung, Hingabe, Freude, Enthusiasmus und einer Einstellung von Dankbarkeit begegnet, könnt ihr versichert sein, dass der Rest eures Weges nicht notwendigerweise schwer sein muss. Es hat alles mit euren Wahrnehmungen und euren Reaktionen darauf zu tun, was sich in eurem Leben als eine Gelegenheit präsentiert, das Karma aus vergangenen Leben auszugleichen und die Lektionen zu integrieren, die ihr lernen müsst, um ein Aufgestiegener Meister zu werden. Auch wenn die Einweihungen grundsätzlich für alle gleich sind, so manifestieren sie sich für jeden einzelnen Lebensstrom auf unterschiedliche Weise, gemäß des einzigartigen Weges eines jeden und der jeweiligen Ebene der Einweihung und Evolution.

Wisset, ihr Geliebten, sobald ihr euch ernsthaft für euren Aufstieg verpflichtet habt, stärkt euch der ganze Himmel den Rücken und möchte euch auf wundersame Art und Weise behilflich sein. In früheren Zeiten war es äußerst schwierig, den Aufstieg zu erreichen. Durch die neue Fügung, die der Menschheit nun von unserem Schöpfer zuteil wird, bleibt der Weg grundsätzlich der gleiche, aber ihr habt jetzt so viel mehr Unterstützung und so viel mehr Informationen zur Verfügung, auf welche die Menschen in der Vergangenheit keinen Zugriff hatten.

Luxor und Telos warten auf eure Rückkehr. Viele von euch sind sehr oft schon zu beiden Orten gekommen, doch viele von euch verließen sie wieder aus Angst, es könnte zu schwierig sein. Und ihr seid immer noch hier auf dem Angesicht der Erde, oft voller Kummer und Verzweiflung. Erinnert euch daran, dass die zeitweiligen Schwierigkeiten auf dem Weg so viel leichter zu ertragen sind, als die Lebenszeiten voller Kummer und Anstrengungen, die ihr durchlebt habt, als ihr der Illusion unterlagt, dass ihr es nicht schaffen könntet.

In der Tat sage ich euch allen: Wenn ihr ernsthaft daran interessiert seid, in diesem Leben aufzusteigen und wenn ihr alle Gesetze der Liebe mit vollkommener Konstanz und Durchhaltevermögen anwendet, „könnt ihr es schaffen". Mit unserer Hilfe und mit der Hilfe eurer „ICH BIN - Gegenwart" und eurem „höheren Mentalkörper" ist nichts unmöglich. Und tatsächlich ist es nicht nur möglich, sondern auch höchst wünschenswert für eure Evolution, dass ihr nicht sehr lange zurückbleibt in der 3. Dimension nach dem Aufstieg der Erde um 2012. Dies ist mein Versprechen an euch: Wir werden euren Bemühungen entsprechen, indem wir jedem Einzelnen von euch beistehen. Wir lieben euch alle von Herzen und unsere Hingabe, euch zu helfen ist so bedingungslos! Sobald ihr die echte Wahrheit über den Aufstieg entdeckt habt, werdet ihr nicht mehr länger zögern, die überholten Lebensweisen loszulassen, die ihr als „normal" akzeptiert habt und euch auf ein Leben als wahre Kinder Gottes vorbereiten.

Im Auftrag der Aufstiegsbruderschaft von Luxor, die zusammen mit mir diesem heiligen Zweck dienen, die geheiligten Energien der Aufstiegsflamme zu halten, senden wir all jenen, die unsere Worte der Weisheit lesen, unsere zutiefst empfundene Liebe und umhüllen euch mit Frieden. ICH BIN Serapis Bey vom Aufstiegstempel von Luxor!

Adama gemeinsam mit Serapis Bey

Frieden und Liebe aus dem Herzen von Lemuria, hier ist Adama, gemeinsam mit dem Chohan des vierten Strahls, unserem geliebten Serapis Bey. Ich bringe euch die Segnungen meines Lichtes und des Sieges, der darin liegt. Wir entbieten euch unser innigstes Willkommen. Heute ist Serapis Bey mit seinem Team von Meistern zu uns gekommen, die sich ebenfalls auf diesen Dienst spezialisiert haben. Es ist bekannt als die „Aufstiegsbruderschaft". Alle diese Meister dehnen nun das Elixier ihrer Herzensliebe durch die reinigenden Feuer der Aufstiegsflamme aus. Atmet sie ein, meine Lieben, dies ist ein Geschenk an euch. Diese hingebungsvollen Wesen haben seit mehreren Jahrhunderten eng mit unserem Bruder Serapis Bey zusammengearbeitet und die Evolution der menschlichen Rasse geplant für die Zeit, die jetzt endlich gekommen ist. Ihr Dienst am Leben besteht im Einbringen ihrer Energien in die Vorbereitung für die Anhebung unseres Planeten und des Bewusstseins der Menschheit für den planetaren Aufstieg in den kommenden Jahren.

Der Aufstiegstempel in Luxor erhält das Pulsieren der Aufstiegsflamme in der Erdatmosphäre und unser Aufstiegstempel in Telos stützt diese heilige Flamme auf genau die gleiche Weise. Stellt euch zwei Tempel vor, die im Bewusstsein und in der Energie vereinigt sind und die täglich und stündlich alles auf Erden zu Gunsten der aufsteigenden Menschheit segnen.

In jedem Frühling wird diese heilige Flamme frei und weiträumig von den Wesenheiten des Naturreiches genutzt, um zur Erneuerung und Wiederherstellung der Schönheit der Natur überall beizutragen. Jede Erdenseele, die es sich wünscht und sich darum bewerben möchte, ihren Inkarnationszyklus durch den Aufstiegsprozess zu beenden, wird unter die Führung der Aufstiegsbruderschaft und des Christus-Amtes gestellt.

Vor ein paar hundert Jahren wurde ein großer Anteil der Aktivitäten und Aufzeichnungen, welche die große Pyramide an ihrem Ort so lange Zeit hatte, entweder nach Telos verlagert oder dort dupliziert. Diese Verlagerung wurde damals ausgeführt, weil die Spirituelle Hierarchie dieses Planeten zukünftige potenzielle Probleme in dieser Gegend des Globus voraussehen konnte. All die Aufzeichnungen und Energien dieses heiligen Brennpunktes konnten nicht im Rahmen möglicher regionaler oder globaler Kataklysmen aufs Spiel gesetzt werden, die sich damals am Horizont abzeichneten. So ist jetzt also Telos zum Hauptbrennpunkt für diesen Planeten geworden – in völliger Vereinigung und Kooperation mit den großen Meistern von Luxor. Wir alle arbeiten in vollendeter Harmonie zum Wohle des Kollektivs zusammen. Dies ist eine der 5-dimensionalen Aufzeichnungen.

Es wurde entschieden, dass ein Teil dieses wichtigen planetaren Brennpunktes im Untergrund sicherer sein würde und dort in seiner ursprünglichen Reinheit und Heiligkeit durch eine große Anzahl von aufgestiegenen Wesen - so wie wir alle in Telos – am Besten in seiner ursprünglichen Reinheit und Heiligkeit gehütet werden könnte.

Obwohl es den Anschein haben mag, als ob es jetzt zwei Aufstiegsbrennpunkte auf diesem Planeten geben würde, sage ich, dass es für uns in Wirklichkeit nur ein einziger ist. In der Dimension, in der wir existieren, gibt es Zeit und Raum nach dem Verständnis der meisten von euch einfach nicht. Alles ist eins.

Nach dem Untergang von Atlantis und Lemuria fuhr die Oberflächenbevölkerung damit fort, sich gegenseitig zu bekriegen – bis zum heutigen Tage. Darum, meine Lieben, bewahrt eure Hoffnung und euren Mut. Ihr wisst, dass dies nicht viel länger toleriert und dieses Bewusstsein zu Ende gehen und geheilt werden wird.

In Telos haben wir bald nach der Zerstörung der beiden Kontinente freiwillig die Aufgabe übernommen, die Aufstiegsflamme zum Wohle der Menschheit zu bewahren, um einen großen Dienst für diesen Planeten zu leisten und um ihr Fortbestehen zu sichern. Da wir dies tun wollten, wurde uns die Gelegenheit für einen solch großen Dienst gewährt. Aus der Liebe unserer Herzen übergeben wir heute unsere eigene Gelegenheit auch an euch, diese wundervolle Flamme in eurem eigenen Herzen für euren eigenen Aufstieg anzunehmen und auszudehnen. Wir sagen euch, dass das Herz zuerst aufsteigt und dann der Rest folgt.

Aurelia: Wird ein großer Prozentsatz der Menschheit bis 2012 aufsteigen?

Adama: Auch wenn der Menschheit eine weitaus größere Unterstützung angeboten wird, als dies jemals zuvor im gesamten Universum der Fall war, und der Aufstiegsprozess nun leichter wurde als jemals zuvor, wird keiner von euch in den Aufstiegsprozess hineingehoben werden, bis er nicht alle Anforderungen erfüllt und die entsprechende Bewusstseinsfrequenz erreicht hat; ganz egal, wie lange dies in Zeitzyklen gemessen auch dauern mag. Für diejenigen, die noch immer einen großen Widerstand verspüren mag es noch einige Inkarnationen länger dauern.

Von denjenigen, die den Aufstieg anstreben, wird erwartet, dass sie alle ihre irrigen Glaubenssysteme heilen und transformieren und Liebe, Friedfertigkeit und die Wahrheit ihrer Göttlichkeit im Herzen annehmen. Macht euch klar, dass das Jahr 2012 nicht das Ende des Aufstiegszyklus des Planeten darstellt, sondern ganz einfach einen wunderbaren Anfang. Der volle planetare Prozess für die Erde zur Erfüllung ihrer vollendeten Glorie und Bestimmung ist ein Plan, der sich über zweitausend Jahre erstreckt. Im Jahr 2012 ist es die Erde selbst, die ihren glorreichen Aufstieg ins Licht vollzieht, gemeinsam mit denjenigen, die alle notwendigen Anforderungen dafür erfüllen.

In den Jahren nach 2012 werden alle auf der Erde inkarnierten Seelen ihre Evolution fortsetzen und erst aufsteigen, wenn sie auf ihrer Seelenebene dazu bereit sind. Für einige mag dies 6 Monate dauern, für andere wiederum 2, 5 oder 8 Jahre und viele werden auch erst danach aufsteigen.

Ihr werdet euch auch vollständig in dem zum Aufstieg führenden Einweihungsprozess engagieren und alle Vorbereitungen für diese Graduierung erfolgreich absolvieren müssen. Die Reise jedes Einzelnen ist einzigartig, und obwohl der Einweihungsprozess für alle ähnlich ist, entfaltet er sich unterschiedlich für jede Seele, entsprechend ihres eigenen göttlichen Pfades.

Aurelia: Adama, kannst du uns eine Beschreibung dieser Flamme geben?

Adama: Diese Flamme enthält die Frequenz und Farbe von allen anderen Flammen. Ihr nehmt sie als ein brillantes, leuchtendes, weiß schillerndes Licht wahr, das im Kontakt alles verzehrt, was geringer ist als die Perfektion der Liebe. Ihre Kraft und Brillanz ist grenzenlos. Sie erhält ganze Welten in perfekter Harmonie und Schönheit.

Jene, die sie anrufen und mit ihr arbeiten, müssen sich auf einen Wandel gefasst machen. Einmal durch diese Flamme berührt, werden sie niemals mehr dieselben sein. Jeder kann natürlich damit arbeiten, aber in ihrer gesamten Intensität enthält sie die Kapazität zur vollständigen Transformation des Einzuweihenden, der das Portal zum Aufstieg erreicht hat. Wenn ihr schließlich bereit seid, diesen Evolutionssprung zu vollziehen, werdet ihr in die Frequenz dieser

27

herrlichen Aufstiegsenergie eingetaucht werden. Dies wird euch zum finalen Schritt hinführen, an dem die Feuer dieser Liebe alle menschlichen Begrenzungen verzehren werden, euer gesamtes Bewusstsein wieder hergestellt wird und euer Körper wieder völlig unsterblich sein wird. Ihr werdet dann eingeladen werden, euch als Aufgestiegener Meister zu den „Unsterblichen" zu gesellen und in das glorreiche Stadium spiritueller Freiheit und in die bewusste Rückverbindung mit eurem Schöpfer und mit allem, was in dessen Herzen existiert, einzutreten. Meine Freunde, so machtvoll ist die Aufstiegsflamme.

Aurelia: Wie können wir bewusst diese Frequenzebene erreichen und sie aufrechterhalten?

Adama: Diese Information ist den Menschen auf der Erde schon seit langer Zeit zugänglich gemacht worden, wieder und wieder, und in diesem Zeitalter ganz besonders durch eine breite Vielfalt an Schriften und Channelings. Sie ist euch bereits in so vielen Formen, Farben und derart einfach präsentiert worden, aber ihr erkennt sie nicht. Solange nicht die Lehren und Weisheitsschlüssel, mit denen ihr in Kontakt kommt, voll und ganz gelernt und durch das Herz integriert werden und ihr einfach dazu „werdet", bleiben sie „nur Informationen" im Wirrwarr eures Verstandes - Informationen, die ihr bald vergessen habt. Ultimativ bringt dies der Evolution eures Bewusstseins keinen Vorteil. Wir kennen Menschen, die hunderte von spirituellen Büchern gelesen haben und dadurch enormes Verstandeswissen erlangt haben, aber solange sie dieses Wissen nicht zur Verkörperung ihrer Göttlichkeit integriert haben, bleibt ihr spiritueller Fortschritt unbedeutend.

Gestattet mir, euch nochmals kurz in Erinnerung zu rufen und zu wiederholen, was wir bereits zuvor und auch andere schon erwähnt haben, in der Hoffnung, dass, wenn wir dies nur oft genug wiederholen, es letztendlich tief genug in euch eindringen wird, dass ihr in der Lage sein werdet, die Frequenz eurer Bemühungen aufrechtzuerhalten, die ihr in eure Evolution einbringt. Wir haben oft gesagt, dass „Aufstieg" nicht so sehr das Tun von vielen Dingen erfordert, sondern dass es viel mehr um das Werden geht, um das Annehmen, um das „sich daran erinnern", dass ihr euer Leben als die Götter und Göttinnen leben sollt, die ihr seid. Es bedeutet, das vollständige Annehmen der Göttlichkeit, die bereits in eurem Inneren durch die Ausdehnung eures Bewusstseins als Wesen der Liebe existiert, und es bedeutet auch, aus der Weisheit des Herzens heraus zu leben. Es ist wirklich so einfach, ihr Lieben. Wenn ihr dies „werdet", dann braucht ihr nichts anderes mehr. All dies existiert und lebt bereits in euch. Ich erinnere euch nochmals daran, dass es außerhalb des Selbst nichts gibt.

Hier sind einige der wesentlichen Punkte oder Richtlinien, die es bezüglich eures Einweihungspfades zu verstehen und beachten gilt, die sich auf den Lehrplan der Erde gemäß den Aufstiegs-Aufzeichnungen bezieht.

* Dieser Prozess umfasst die vollständige Klärung und Heilung von allem, was eurer Veränderung, eurem Wiedererwachen und eurem Aufstieg in die Arme Gottes und der Liebe im Wege steht. Außerdem die Wiederherstellung eurer Göttlichkeit und eurer Erinnerungen, damit ihr erneut als göttliche Kinder eures Himmlischen Vaters und Schöpfers lebt und die Welt der „Einheit" betreten könnt.

* Erkennt, dass jede Dimension eine bestimmte Frequenz repräsentiert. Die 5. Dimension wird euch zugänglich, wenn ihr – und nur dann – diese Frequenz in eurem Bewusstsein erlangt habt und die Fähigkeit besitzt, sie zu allen Zeiten aufrechtzuerhalten.

* Lebt aus dem Herzen. Sprecht und handelt, wie es ein Meister tun würde, stets aus einem Zustand des „Seins" heraus. Stellt euch beständig folgende Frage: „Was würde ein Meister in dieser oder jener Situation tun oder sagen?" Dann wendet euch nach Innen und lauscht der Antwort. Wenn sie nicht ganz klar ist, nehmt euch Papier und Stift zur Hand, entzündet eine Kerze, wenn ihr möchtet und richtet eure Absicht darauf aus, die Antwort in euch finden zu wollen.

Der Meister in euch ist ständig bereit und aufmerksam und wartet stets auf euer Erkennen.

* Lasst das 3-dimensionale Bewusstsein der Trennung, der Dualität, der Polarität und des Dramas in all seinen unzähligen Formen los. Hört damit auf, an zwei Kräfte zu glauben und eure Macht und kostbare Energie an die Kraft der Illusion dieser 3- dimensionalen Dichte abzugeben. Gestattet euch selbst, alles beiseite zu legen, was ihr bis jetzt gelernt habt und was euch nicht die erwünschten Resultate beschert hat. Seid bereit, erneut zu lernen und habt den Mut, in die unbekannte Realität der Liebe und der Magie einzutreten. Erkennt, dass Liebe die einzig wahre existierende Kraft ist und beginnt, euer Leben in dieser Schwingungsfrequenz aus eurem Innersten heraus zu leben.

* Lasst alle Bewertungen und Erwartungen über euch selbst und andere los, und auch darüber, wie das Leben sich für euch entfalten sollte. Gestattet euch selbst, in tiefer Freude und Dankbarkeit, all die Wunder und die ganze Pracht des „DU" im Glanze seiner Göttlichkeit wahrzunehmen und anzunehmen, und akzeptiert es, das große Abenteuer zuzulassen, dass sich alles vor euren Augen entfaltet und transformiert.

* Nehmt das Banner der Demut und der Überantwortung an die heiligen Versprechen an. Wenn ihr nicht wisst, was damit

gemeint ist – all dies steht in euren ureigensten Zellen und eurer DNS geschrieben, und ebenso in vielen Kammern eures heiligen Herzens. Seid bereit, euch die Zeit zu nehmen, um nach Innen zu gehen und dort einige Nachforschungen anzustellen.

* Schafft eine bewusste Vereinigung zwischen eurer großen ICH BIN - Gegenwart und der Erfüllung eures göttlichen Plans. Der Aufstieg ist die Vereinigung, das Hineinschmelzen eurer herrlichen ICH BIN – Gegenwart in die göttliche Vereinigung. Damit ihr in der Lage seid, diesen glorreichen Aspekt eurer selbst zu verkörpern, ist es notwendig, dass ihr euch selbst mit diesem Aspekt, mit dem ihr verschmelzen wollt, vertraut macht. Wie könntet ihr erwarten, aufzusteigen und euch mit einem Aspekt des Selbst zu vereinigen, wenn euch das Interesse fehlt, sich mit ihm zu befassen, ihn kennen und verstehen zu lernen? Es ist für uns einfach unglaublich, welche Antworten wir bei Channeling-Sessions bekommen, wenn wir die Leute fragen, was der Aufstieg für sie bedeutet. Wir bekommen Antworten wie „Dimensionswechsel", „in der Lage zu sein, alles zu manifestieren", „nicht mehr durch Geld begrenzt zu werden", „in der Lage zu sein, zu teleportieren" und so weiter. Auch wenn diese Dinge zu den Gaben und Resultaten des Aufstiegs gehören, bilden sie jedoch nicht die Basis. Die Basis seid IHR, das Erfassen eurer Göttlichkeit und zu dieser Göttlichkeit in eurem täglichen Leben zu werden.

* Nehmt ein friedfertiges Bewusstsein ein, indem ihr die Heiligkeit aller Lebensformen achtet, die diesen Planeten mit euch teilen und ebenso das göttliche Recht jeder Person, die hier lebt.

* Lasst die alten Programme los, die euer Leben bestimmen und alle negativen Emotionen, die in eurem Bewusstsein und in unterbewussten und überbewussten Erinnerungen gespeichert sind, einschließlich der Tilgung aller Schulden, die ihr dem Leben gegenüber auf euch genommen habt. Ihr habt zu diesen Themen bereits viele Lehren erhalten.

* Wenn Menschen daran glauben, dass sie ihre Schuld ins Licht geben können und in den Geist der Erlösung von der Schuld durch das heilige Feuer gelangen können, führt dies zu einer großartigen, freudvollen Befreiung, die ihr gesamtes Sein durchdringt. Dieses Gefühl der Freude im Bewusstsein schafft eine Tendenz in der Energiespirale, welche die Schuldaufzeichnungen beinhaltet, Formbarkeit zu erschaffen und die Person derart zu befreien, dass sie sich schneller und mit größerer Leichtigkeit und Gnade durch alle Einweihungen hindurch bewegen kann.

* Die wesentlichen Eigenschaften, die am meisten dazu beitragen, sich durch die Ausbalancierung seiner Schatten-kreationen zu begeben, sind zweifaltig. Die Haupteigenschaft

liegt darin, alles, was ihr tut, jederzeit und in jedem einzelnen Moment des Tages, egal, was es ist, in einer Haltung der Liebe für euch selbst, für den Planeten, für andere Königreiche, die den Planeten mit euch teilen und in Dankbarkeit für die Schöpfung selbst anzunehmen. Und zweitens wird euch die Haltung der Dankbarkeit ebenfalls immens helfen.

* Haltet den aufrichtigen Wunsch für euren Aufstieg und eure Unsterblichkeit aufrecht und seid in eurem eigenen Herzen bereit, diesen Pfad bis zum Ende zu gehen! Solange ihr in eurem Bewusstsein keinen aufrichtigen Wunsch nach dem Aufstieg und der Unsterblichkeit aufrechterhalten könnt und nicht bereit seid, die alten Lebensweisen der 3. Dimension, die euch und die Menschheit so lange in Schmerz verharren ließen, loszulassen und den Pfad zu gehen, der euch von den Meistern der Weisheit, die diesen Pfad vor euch beschritten haben, gezeigt wird, könnt ihr kein wahrer Kandidat für den Aufstieg auf den inneren Ebenen werden.

Im Streben nach dem Aufstieg muss die Kraft der Liebe zur glühenden Inbrunst werden, welche die Elemente der sterblichen Schöpfung zum Schmelzen bringt und die den Aufstiegskandidaten in das große kosmische Becken der unsterblichen Liebe und des Lichts vorwärtstreibt.

Eine Botschaft von Serapis Bey

Für diejenigen, die sich selbst als Wahrheitssucher bezeichnen und die sich nach Kontakten mit der Hierarchie des Lichtes und der Großen Weißen Bruderschaft sehnen, ist es erforderlich, dass sie sich direkt unter die Führung und Anleitung der großen Meisterlehrer begeben. Der Pfad der Meisterschaft, der Errungenschaft, der Freiheit, des Sieges und des Aufstiegs kann nur durch den Einweihungsprozess beschritten werden. Für alle großen Meister, die jemals hier auf diesem Planeten oder anderswo aufgestiegen sind, ist stets die Aufstiegsflamme der wichtigste Schlüssel geblieben, der für alle Seelen die Tür zur Unsterblichkeit öffnet.

Ich habe die Aufstiegsflamme sehr lange Zeit über gehütet und gelenkt, und befand mich inmitten dieser Flamme, um Wege und Mittel für die Menschheit zu erschaffen, durch die sie wieder, wenn sie sich von der Überidentifizierung mit ihren Sinnen gelöst hat, in ihren göttlichen Zustand zurückkehren könnte. Seit dem „Fall der Menschheit" hätte es für die Menschen keinen Weg mehr nach Hause gegeben, wenn es nicht die wachende Bruderschaft der Aufstiegs-flamme gegeben hätte. Habt ihr jemals in eurem tiefsten Schlupfwinkel eures Seins erwogen, wie es wäre, wenn es keinen Weg zurück nach Hause gäbe?

Bis zum heutigen Tage sind wir – viele von uns – Gefangene der Liebe auf diesem zeitweise dunklen Stern geblieben. Die lemurianische Bruderschaft des Lichtes von Telos hat sich letztendlich unserer Nachtwache für den Aufstieg des Planeten angeschlossen. Gemeinsam haben wir die Flamme der Liebe und des Lichtes im Namen der Menschheit für tausende von Jahren gehalten und tun dies bis zu dem Tag, an dem ihr reif genug sein werdet, um wieder an dieser planetaren Verantwortlichkeit teilzuhaben.

Ich habe mich dem verschrieben, euch durch die Feuer der Klärung gehen zu sehen. Und auch der Vorstellung, dass ihr, die ihr euch um den Aufstiegsstatus beworben habt, standhaft und aufmerksam bleibt, bis der glorreiche Sieg zu eurer Wirklichkeit wird. Wir alle sind Herzensfreunde aus vielen Zeitaltern.

Zitat von Meister Jesus / Sananda

„In der überragenden Glorie dieser Stunde kann ich nicht umhin, jedes geliebte Kind Gottes eindringlich darum zu bitten, sich auf diesen glorreichen Moment vorzubereiten! Wenn die Stunde kommt und der Ruf des Vaters des Lichtes euer Herz erreicht, werdet auch ihr um den vollständigen und wahren Zweck der menschlichen Inkarnationen wissen. Sie dienen der Vorbereitung

eures Bewusstseins, zu einer Sonne des Lichts in euch selbst, befreit
vom Rad der Wiedergeburt, und zu einem Meister der Energie und
Schwingung, zu werden."

Diejenigen, die gerne die Aufstiegstempel in Luxor und Telos besuchen möchten, sind aufgerufen, in ihrem Bewusstsein diese aufsteigende, lebhafte und freudige Energie, welche die Aufstiegsaktivität ausmacht, mit sich zurückzunehmen. Diese Flamme wird in die elementare Substanz der inneren Körper eindringen wie auch in die physische Form und gleich einem „Sauerteig im Brot" wirken, wenn sie ernsthaft angerufen wurde. Indem die reine weiße Flamme durch die Substanz der Körper des Anwärters dringt – physisch, mental, emotional und ätherisch – beschleunigt sie die Schwingung der Atome jedes einzelnen Elektrons, das sich dann schneller um seinen eigenen zentralen Pol herum bewegt. Dies führt zum Abwerfen aller unreinen, unausgeglichenen Substanzen um das Elektron herum und es beschleunigt den Rhythmus aller Vehikel. Diese Vehikel werden dann noch sensitiver gegenüber den feineren Schwingungen der höheren Sphären. Ihr Bewusstsein richtet sich verstärkt auf die Wahrheit aus, der Zug der Schwerkraft verringert sich und ebenso nehmen die vielfältigen, verzerrten und irrigen Glaubenssätze ab.

Um in den Zustand der Selbstmeisterung, der göttlichen Weisheit, des Friedens, der Harmonie, der perfekten Gesundheit, der Grenzenlosigkeit und der allgegenwärtigen Fülle aufzusteigen, muss der Kandidat für das große Geschenk des Aufstiegs lernen, sich vollständig auf die Gegenwart Gottes im Herzen zu verlassen. Die Lehren der Aufstiegsbruderschaft dienen dazu, das Bewusstsein von der äußeren Welt „nach Innen" zu kehren, bis aus dem Herzzentrum – dem Sitz eurer Göttlichkeit – willentlich alles hervorgerufen werden kann, was notwendig ist, um die Fülle eurer göttlichen Essenz in physische Manifestation zu bringen. Alles muss durch die aufsteigenden Feuer dieser königlichen Flamme geklärt und transformiert werden!

Verhaltensregeln für einen Schüler des Heiligen Geistes

Der Maha Chohan

1. Werdet euch stets eures Strebens danach bewusst, den vollen Ausdruck der Göttlichkeit zu verkörpern und unterstellt euer gesamtes Sein und euren gesamten Dienst diesem Streben.

2. Lernt die Lektionen der Friedfertigkeit. Fügt weder durch Worte, Gedanken noch durch Gefühle jemals irgendeinem Teil des Lebens ein Übel oder Schaden zu. Wisset, dass entsprechende Handlungen und physische Gewalt euch auf der Ebene des Schmerzes, des Leidens und der Sterblichkeit verharren lassen werden.

3. Wühlt nicht gedankenlos oder absichtlich im Meer der Emotionen eures Nächsten herum. Wisset, dass ein von euch in seinem Geist entfachter Sturm früher oder später auf die Ufer eures eigenen Lebensstromes treffen wird. Bringt allem Leben stets Ruhe, Liebe, Harmonie und Frieden.

4. Löst euch von der persönlichen und planetaren Täuschung. Gestattet euch niemals, euer niederes Selbst mehr zu lieben, als die Harmonie des Universums. Wenn ihr Recht habt, gibt es keinen Grund, darüber lautstark zu jubeln. Wenn ihr einen Fehler macht, bittet um Vergebung.

5. Wandelt sanft über die Erde und durch das Universum, wohl wissend, dass der Körper ein heiliger Tempel ist, in dem der Heilige Geist wohnt und jeglichem Leben überall Frieden und Erleuchtung bringt. Bewahrt euren Tempel stets respektvoll und in geklärtem Zustand, da ihr dies zum Wohle der Heimstätte des Geistes der Liebe und der Wahrheit tut. Respektiert und ehrt in sanftmütiger Würde alle anderen Tempel, wissend, dass oftmals in einem ungehobelten Äußeren ein großes Licht brennt.

6. Nehmt in der Natur die Schönheiten und Gaben ihres Reiches in milder Dankbarkeit in euch auf. Entweiht sie nicht durch niederträchtige Gedanken, Töne, Gefühle oder durch physische Handlungen, die ihre unschuldige Schönheit rauben. Ehrt die Erde, „die Mutter", die der Gastgeber für euren evolutionären Pfad ist.

7. Bildet euch weder Meinungen noch bietet welche an, es sei denn, ihr seid dazu eingeladen; dann jedoch auch nur nach einem Gebet und einer stillen Bitte um Führung. Sprecht, wenn Gott es wählt, etwas durch euch zu sagen. Zu allen anderen Zeiten ist es das Beste, nur wenig zu sprechen oder in friedfertiger Stille zu verharren.

8. Lasst euer Herz ein Lied der Dankbarkeit und Freude für Gott singen. Seid stets dankbar für alles, was ihr empfangen habt und für alles, was ihr im gegenwärtigen Moment besitzt. Tretet in den Fluss des Lebens ein, in den Fluss der Liebe und der Fülle, die im heiligen Herzen liegen.

9. Seid sanft in euren Worten und euren Handlungen, doch voller Würde, die stets die Präsenz des lebendigen Gottes begleitet, der im Tempel eures Seins lebt. Legt ständig alle Fähigkeiten eures Seins und das Innere eures Wesens der Gotteskraft zu Füßen, wenn ihr in Mitgefühl auf diejenigen trefft, die in Bedrängnis sind.

10. Sprecht eure Worte mit Sanftmut, Bescheidenheit und in liebendem Dienst. Gestattet nicht, dass aus dem Eindruck der Bescheidenheit irrtümlich Lethargie wird, denn der Diener des Herrn ist wie die Sonne im Himmel, ewig, umsichtig und sie strömt beständig die Gaben der Liebe an diejenigen aus, die ihre Herzen öffnen, um sie zu empfangen.

Der atomare Beschleuniger / Aufstiegssitz

Ein Werkzeug, um ein Gefäß für den Lichtaufbau zu erschaffen

Seid gegrüßt, ihr Lieben, hier ist Adama, gemeinsam mit Meister Saint Germain.

Ich würde gerne mit euch über den atomaren Beschleuniger sprechen, den viele von euch bereits als den Aufstiegssitz kennen und der auf den inneren Ebenen für verschiedene Zwecke verwendet wird. Unter euch gibt es viele, welche die Lehren der früheren Mitteilungen von Saint Germain studiert haben, in denen dieses Konzept mehrmals erwähnt wurde; was jedoch noch nicht vollständig verstanden wurde. Gestattet uns nun, euch ein umfassenderes Verständnis dieses wundervollen Werkzeugs zu vermitteln, ihr Lieben, so dass ihr es nutzen könnt, um euch und anderen auf dem Weg zu helfen.

Während ich spreche, ist die Energie des Meisters Saint Germain hier bei mir präsent und wir beide sprechen nun im Kollektiv zu euch mit unseren vereinigten Energien. In den Lichtreichen gibt es ein derartiges Einheitsbewusstsein, dass wir unsere Energien sehr leicht vermischen können, und wir genießen dies sehr.

Der atomare Beschleuniger oder Aufstiegssitz ist ein Geschenk an die Erde und die Menschheit aus dem Herzen des geliebten Meisters Saint Germain. Der atomare Beschleuniger ist ein Werkzeug, um dem Aufstiegs-kandidaten beim Anheben seiner Schwingung zu helfen. Er enthält die Frequenzen des reinen Lichtes der Aufstiegs-flamme. Man kann ihn auch nutzen, um die Schwingung schrittweise und vorsichtig zu erhöhen. Wenn die Skala auf „volle Kraft" steht, kann er jemanden buchstäblich in die Schwingung des Elektronenkörpers empor katapultieren, um einen vollständigen, augenblicklichen und permanenten Aufstieg in die Lichtreiche, in ein 5-dimensionales Bewusstsein zu erlangen.

In der Vergangenheit und Gegenwart haben viele Kandidaten, während sie auf einem dieser Sitze saßen und für ihre irdische Graduierung bereit waren, auf den inneren Ebenen ihre gesamte und majestätische Aufstiegszeremonie in die Lichtreiche vollzogen – geehrt und unterstützt durch eine große Zusammenkunft von Meistern und Wesen aus vielen Dimensionen. Wenn der Knopf auf „volle Kraft" gestellt wird, werden alle in den Aufzeichnungen des Kandidaten verbleibenden Energien, die geringer sind als reines Licht und reine Liebe in der Intensität der Aufstiegsfrequenz aufgelöst. Der Kandidat wird sofort transformiert und wieder mit der Gesamtheit seiner göttlichen Essenz verbunden, mit allen damit verbundenen spirituellen Gaben und Attributen, die dann wieder hergestellt werden. Dies ist die wahre und andauernde Zeremonie der göttlichen Vereinigung, ihr Lieben! Dies ist die große alchemistische Hochzeit mit dem Selbst, nach der sich so viele von euch sehnen! Auch wenn dies nicht der einzige Weg ist, auf dem man seinen Aufstieg vollziehen kann – es gibt tatsächlich noch andere Möglichkeiten – dies ist der am meisten verbreitete Weg.

Um dieses Geschenk empfangen zu können, muss man definitiv spirituell auf allen Ebenen bereit sein, andernfalls könnte das Resultat katastrophal sein. Ihr könnt darauf vertrauen, dass keiner von uns dies jemals jemandem anbieten würde, der noch nicht das volle Ausmaß der nötigen Einweihungen erlangt hat, um eine derartige Segnung empfangen zu können. Es gibt auf diesem Planeten einige wenige dieser Aufstiegssitze an verschiedenen spirituellen 5-dimensionalen Zentren der Großen Weißen Bruderschaft. Wir haben einen in Telos und Saint Germain hat einen in Jackson Peak, Wyoming. Es gibt auch einen im Himalaja und noch andere in weiteren spirituellen Zentren.

Unser Channel Aurelia wurde vor einigen Jahren angeleitet, einmal im Monat Freunde zu sich nach Hause einzuladen und das Ritual einer Aufstiegszeremonie durchzuführen – für diejenigen, deren Wunsch es war, ihre Verpflichtung diesem Ziel der Spirituellen Hierarchie des Planeten und ihrer spirituellen Präsenz gegenüber zu vertiefen. Jedes Mal, wenn Aurelia diese Zeremonie mit einer Gruppe durchgeführt hat, kam eine große Gruppe von uns dazu, um zu assistieren. Meister Saint Germain kam immer mit seiner tragbaren Version eines atomaren Beschleunigers, der aus einer kleinen ätherischen Schachtel anstelle eines Sessels besteht, die er unter dem Stuhl positioniert, der in eurer Dimension diesem Zweck dient.

Jedes Mal kontrolliert Saint Germain selbst die Intensität und die Geschwindigkeit, die der einzelne Kandidat empfangen kann, um seine Schwingung ohne signifikantes Unbehagen oder Störung des derzeitigen Levels auf die nächste Ebene anzuheben. Diese tragbare Beschleunigungsbox ist nichts geringeres als eine weitere vollständige Version des atomaren Beschleunigers, die bei Zeremonien an Orten zum Einsatz kommt, an denen Menschen der Oberfläche gewählt haben, ihre Aufstiegsarbeit zu tun.

Aurelia hat diese Aufstiegszeremonie seit 1994 geleitet, damals noch in ihrem Heim in Montana. Sie hat diesen Dienst für den Planeten und die Menschheit seit damals regelmäßig fortgeführt. Sie hat diesen Lichtdienst mit allen Gruppen geleistet, die nach Mount Shasta gepilgert sind und ebenso in mehreren anderen Ländern der Welt, während sie ins Ausland reiste, um Vorträge und Seminare zu halten.

Die Wohltaten und die Kraft der Impulsgebung

Wir haben bemerkt, wie kraftvoll und schön sich die Energien über die Jahre hinweg aufgebaut haben. Mit jedem Ritual, das Aurelia ermöglicht hat, haben sich die bestehenden Energien durch die vorherigen Rituale und durch die hinzukommenden neuen Energien verstärkt. Mit großem Interesse und Dankbarkeit beobachten wir, dass nach vielen Jahren regelmäßiger Durchführung dieses Rituals, der durch die Zeremonie erschaffene Lichtkelch starke Impulse aufgebaut hat und sich jedes Mal, wenn diese heilige Zeremonie durchgeführt wird, in seiner Intensität und Schönheit, gemessen an dem vorherigen Ritual, nahezu verdoppelt. Dieses Ritual hilft nicht nur den Menschen, die an der Gruppeneinweihung teilnehmen, sondern es erzeugt auch ein Netzwerk aus Licht, das fast den gesamten Planeten umfasst.

Nahezu alle von euch erzielen nicht den rapiden Fortschritt auf ihrer spirituellen Reise, den sie gerne hätten oder erhalten nicht die schnellen Resultate, die sie gerne durch ihre irdischen Bemühungen erlangen möchten – hauptsächlich deshalb, weil sie es nicht gewohnt sind, die Impulse zu setzen, die nötig sind, um ihre Ziele zu erreichen. Ihr benötigt eine stärkere Impulsgebung, um in eurer Welt genügend Energie anzusammeln und um das zu erschaffen, was immer ihr möchtet.

Selbst die Wesen, welche die „Dunkelkräfte" darstellen, verstehen dieses Prinzip sehr gut und sind weitaus aufmerksamer, was die Impulsgebung der Dunkelheit angeht, als die Lichtarbeiter hinsichtlich der Impulsgebung für den Lichtaufbau.

Die Selbstzufriedenheit, welche die meisten von euch haben, ist einer der Hauptfaktoren für die tiefe Dunkelheit, Dichte und Schmerz gewesen, in die dieser Planet für so lange Zeit verfallen war. All diejenigen von uns, die zu Meistern geworden sind, haben sich sehr um den Lichtaufbau gekümmert, um die Fähigkeit der Manifestation dessen zu erlangen, was auch immer wir wünschen.

Anfangs, im Jahre 1994, als Aurelia begann, ihre kleinen Zeremonien mit vier oder fünf Personen durchzuführen, war der mit jeder Zeremonie manifestierte Lichtkelch noch sehr klein und nicht annähernd so kraftvoll, wie er jetzt geworden ist. Doch Aurelia setzte den Lichtaufbau Jahr um Jahr fort, obwohl sie nicht wirklich genau wusste, welches Ausmaß er bereits erlangt hatte.

Zu jeder Zeremonie kommt Meister Saint Germain mit seiner ätherischen atomaren Beschleunigungsbox - unsichtbar für diejenigen, die nicht hellsichtig sind – und platziert sie unter dem für diesen Zweck eigens bestimmten und dekorierten Stuhl. In unseren Reichen betrachten wir diese Box als physische Schachtel, hergestellt durch Technologie der 5. Dimension und durch gewisse Kristallarten. Sie besitzt sogar Skalen, die man an- und ausschalten kann, gerade so wie die Technologien in euren Reichen, nur dass unsere viel weiter entwickelt und fortschrittlicher sind als eure.

Wenn die Gruppe dann bereit ist und die absichtsvolle Anrufung durch Aurelia erfolgt, schaltet Meister Saint Germain den atomaren Beschleuniger an. Was geschieht dann? Der Stuhl wird von einer Aufstiegsfrequenz umgeben. Die auf dem Stuhl sitzende Person erhält das meiste dieser Aufstiegsfrequenz, entsprechend ihrem Evolutionsstand und ihrer Empfangskapazität.

Dieser Prozess muss aufgezeichnet und überwacht werden, da die der kleinen Box entströmende Energie der Aufstiegs-flamme euch buchstäblich unsichtbar werden lassen könnte

47

und ihr könntet sehr schnell verschwinden, wenn sie auf „volle Kraft" eingestellt werden würde. Seid versichert, dass, so lange für euch die richtige Zeit für die Erhebung in die Glorie der Aufstiegsflamme noch nicht gekommen ist, ihr jedes Mal, wenn diese Zeremonien ausgeführt werden, nur Bruchteile davon erhalten werdet.

Die Aufstiegsflamme hilft euch immer mehr bei eurer Bewusstseinsentwicklung, euch selbst zu klären und unterstützt euch auch jedes Mal, wenn ihr dies durch dieses heilige Ritual beabsichtigt, bei der Anhebung eurer Schwingungen.

Es ist sehr schön, wenn ihr dieses Ritual durchführt; wenn ihr es nur aus unserer Perspektive sehen könntet! Ihr unterstützt euch gegenseitig bei diesen Treffen und haltet die Energie füreinander aufrecht. Wenn jeder Einzelne an die Reihe kommt, auf dem Stuhl Platz nimmt und seine Aufstiegsabsicht vor seinen Freunden und vor Gott bekundet, und dass er bereit ist, zu tun, was immer notwendig ist, damit dies geschehen kann, passt Meister Saint Germain die Skala seines Beschleunigers an, damit dieser euer Kraftfeld mit dem richtigen Maß an Aufstiegsfrequenz durchströmen kann, das für euch in diesem gegenwärtigen Moment angemessen ist.

Jedes Mal, wenn ihr aus dem Herzen heraus auf dem Stuhl eure Absicht bekundet, erschafft ihr eine Explosion aus Liebe und Licht, was ein wundervoller und unvergesslicher Anblick ist. Aus diesem Grunde ist jedes Mal, wenn ihr diese Zusammenkünfte abhaltet, immer eine große Anzahl von Lichtwesen anwesend, die aus den vielen Reichen dieses Planeten und von vielen anderen Planeten und Sternensystemen stammen, und sie sind entzückt, dies zu sehen und möchten Zeuge dieser wundervollen Lichtexplosion werden, die von Mitgliedern der Oberflächen-Menschheit erschaffen wird. Sie bringen euch auch stets ihre Liebe, ihre Unterstützung und ihre Annehmlichkeiten. *(Ende der Botschaft).*

Was für die Aufstiegszeremonie benötigt wird

Vorbereitung

* Vor der Zeremonie wird empfohlen (wahlweise), dass einer der Assistenten das Aurafeld der Teilnehmer mit einer heiligen Essenz oder einer anderen Art von reinigendem Öl-Aufguss /Duftöl besprüht.

* Es ist sehr empfehlenswert, dass der Sprecher und seine Assistenten zur Durchführung der Zeremonie weiße Kleidung tragen. Es wird den Teilnehmern empfohlen, ist

aber keine Bedingung für die Zeremonie ebenfalls weiße Kleidung zu tragen.

* Sobald alle Teilnehmer eingetroffen sind und in dem Raum auf einem Stuhl oder auf dem Boden sitzen, in dem die Zeremonie abgehalten werden soll, ist es empfehlenswert, dass sie vor Beginn der Aufstiegszeremonie still und in einem meditativen ruhigen Zustand sitzen bleiben, um sich selbst und das Kraftfeld für den stattfindenden Segen vorzubereiten.

* Es ist unabdingbar, dass jeder Teilnehmer diese heilige Aktivierung als einen wichtigen Schritt auf seiner spirituellen Reise betrachtet und voll Ernsthaftigkeit die Bitte vorbereitet, die er vorbringen möchte, während er auf dem Aufstiegs-stuhl sitzt.

Stühle

* Benötigt wird ein Stuhl für die Aufstiegszeremonie, der mit einem goldenen Tuch oder einem anderen edlen Stoff bedeckt ist.

* Zwei zusätzliche Stühle vorne, jeweils einen auf jeder Seite des Aufstiegsstuhls; einer für den Sprecher und ein weiterer für den Assistenten (sofern es einen gibt).

* Stellt auch Stühle für die Teilnehmer zur Verfügung, die dem Aufstiegsstuhl gegenüber stehen.

Tisch

* Stellt einen kleinen Tisch, möglichst mit einem goldenen Tuch bedeckt, zwischen den Aufstiegsstuhl und den Stuhl für den Sprecher. Auf oder um den Tisch herum stellt folgende Dinge:

- Blumen (wahlweise)
- Aufstiegskristall – Quarz oder Rosenquarz für den Kandidaten, den er in der Nähe seines Herzens hält, während er seine Bitte formuliert
- Tibetische Glocken, Gong mit Klöppel oder eine andere Art von Glocke
- Bilder von Meister Saint Germain und Adama (vorn aufgestellt, auf dem Tisch oder an einem anderen geeigneten Platz)
- Goldenes Tuch für den kleinen Tisch und für den Aufstiegsstuhl
- Eine Flasche Wasser auf dem Boden für den Sprecher
- Eine Schachtel mit Papiertüchern nahe des Aufstiegsstuhls
- Zusätzliche Kopien der Bitte um Aufstieg des Kandidaten

Weiteres benötigtes Material

* Goldene Flüssigkeits-Lichtaktivierung: perlender Apfelsaft oder andere Flüssigkeit, die umgewandelt wird in ein Lichtelixir durch die Meister Saint Germain, Serapis Bey und Adama

* Kleine Glas-, Papier- oder Plastikbecher für den perlenden Saft

* Tabletts für die Becher mit der Flüssigkeit

* Spendenkorb für den Energieaustausch, um Geben und Nehmen auszugleichen (wahlweise)

Gestaltung der Zeremonie

Versammelt euch in aller Ruhe in einem Halbkreis um den Aufstiegsstuhl. Achtet darauf, dass ihr mindestens 1,50 Meter Abstand lasst zwischen dem Stuhl und dem Kreis der sitzenden Teilnehmer. (Der Klarheit halber nennen wir „Kandidat" jene Person, die auf dem Stuhl sitzt, und wir benutzen das Pronom „sein" für beide Geschlechter).

Es wird angeraten, ist aber nicht notwendig, im oder in der Nähe des Kreises einen speziellen Platz zu bestimmen für den Kandidaten, der sich als nächster auf den Aufstiegsstuhl setzen möchte. Sobald ein Kandidat an seinen Platz zurückkehrt, steht ein anderer auf und stellt sich an. Es sollte immer eine Person bereitstehen, die zum Aufstiegsstuhl geht. Auf diese Weise bleibt alles in einem harmonischen und ununterbrochenen Fluss. Wenn alle Vorbereitungen abgeschlossen sind und alle bereit sind zu beginnen, lässt der

Sprecher drei Mal die tibetischen Glocken erklingen. Dann beginnt der Sprecher oder eine andere dafür bestimmte Person mit der Eröffnungsanrufung. Es kann vor der Eröffnungsanrufung auch anstelle der tibetischen Glocken ein Gong ertönen.

Eröffnungsanrufung

Im Namen des „ICH BIN DAS ICH BIN" rufe ich nun die Meister des Lichts und der Weisheit der 5. und höheren Dimensionen, wenn wir uns hier vor dem „Altar der Aufstiegsflamme" versammeln.

Wir laden nun die Mitglieder der Planetaren Hierarchie, Meister Sanat Kumara mit Lady Venus, Lord Gautama Buddha, Lord Maitreya, Meister Sananda mit Lady Nada, den Maha Chohan und die Chohans der sieben Strahlen, Meister El Morya, Meister Lanto, Meister Kuthumi, Meister Hilarion, Mutter Maria, Kwan Yin und die Planetare Göttin, unsere geliebte Mutter Erde, ein teilzunehmen. Wir laden die Gegenwart des universellen Richters ein. Wir laden auch die Gegenwart unserer lemurianischen Brüder und Schwestern von Telos und alle Wesen der Inneren Erde sowie unsere Brüder und Schwestern von den Sternen ein, die sich uns zu diesem Zeitpunkt nun anschließen möchten.

Und schließlich laden wir Meister Saint Germain, Adama und Meister Serapis Bey ein, diese Aufstiegszeremonie zu vollziehen.

Wir bitten um göttliche Gnade, Barmherzigkeit und Vergebung; möge jedem Kandidaten das höchste Maß an Heilung und Abtragung der Schichten der Dunkelheit zuteil werden. Ebenso bitten wir auch darum, dass unsere Schwingungsfrequenzen dauerhaft so weit erhöht werden, wie dies der Lebensstrom eines jeden Einzelnen erlaubt. Mit diesen Worten bitte ich nun den ersten Kandidaten vorzutreten.

Alle Versammelten sind angehalten, in Stille zu verweilen, während der Kandidat sein Gebet spricht, um diesen heiligen Augenblick zu ehren. Es sollten während der Zeit, in der jemand zu seinem Platz zurückkehrt, keine Berührungen unter den Kandidaten stattfinden.

Jeder einzelne Teilnehmer sitzt mit einem vollkommen geöffneten Herzen auf dem Aufstiegsstuhl und trägt sein Gebet vor, indem er laut seine Absicht, seine Ziele für sein Leben und seinen Aufstieg kundtut.

Seid bereit, das ehrenwerteste Gebet zu sprechen, das euch euer Herz diktiert oder wozu es euch in diesem Moment inspiriert. Dies dauert gewöhnlich zwischen 3 und 5 Minuten.

Wenn der Kandidat auf dem Stuhl sitzt, nimmt er den Kristall des Aufstiegsgebets vom Tisch, der neben dem Stuhl steht. Während der Kandidat sein Gebet spricht, hält er den Kristall in der Nähe seines Herzens.

Wenn er damit fertig ist, bleibt er sitzen und gibt mit seinen Augen ein Zeichen, dass er fertig ist und die Gruppe singt drei Mal „Aum", um zur Verankerung dieser Energie im Physischen beizutragen.

Der Sprecher oder der Assistent lässt die tibetischen Glocken jedes Mal vor dem Singen jedes einzelnen der drei „Aums" ertönen. Dann legt der Kandidat den Kristall zurück auf den Tisch oder reicht ihn dem Sprecher und geht zu seinem Platz zurück. Nun ist der nächste Kandidat an der Reihe. Die Reihenfolge der Kandidaten spielt keine Rolle. Es entsteht immer ein natürlicher Fluss.

Der Sprecher kommt für gewöhnlich als letzter an die Reihe, aber dies ist keine Regel.

Nachfolgend ist ein Beispiel für ein Gebet abgedruckt, das auf dem Aufstiegsstuhl formuliert werden kann:

Vor Gott, dem Herrn meines Seins, dem ICH BIN DAS ICH BIN, wünsche ich heute, meine tiefste Dankbarkeit auszudrücken und zu erneuern für diese wunderbare Gelegenheit, meine Bitte vorbringen zu können, für meinen Aufstieg mit meinem physischen Körper in diesem Leben vorbereitet zu werden, vorzugsweise im Jahr 2012 oder davor.

Ich bitte die Spirituelle Hierarchie des Planeten und all meine geistigen Führer, Engel und Meister, genügend Glauben in mich einfließen zu lassen, damit ich mit großer Entschlossenheit auf meinem Weg vorwärts schreiten kann, auch wenn ich euch nicht sehe, höre oder fühle. Ich bitte darum, dass zur vollkommenen Reinigung mein Sein vollkommen durchdrungen wird von der Reinheit der Aufstiegsflamme, damit nur die Reinheit meiner Göttlichkeit übrig bleibt.

Ich bitte um den nötigen Mut und den nötigen Glauben, um dieses Ziel weiter zu verfolgen, bis mein Aufstieg zu meiner Realität geworden ist.

Ich bitte um Vergebung all meiner Fehler, die ich in der Vergangenheit begangen habe und wähle von diesem Tag an, mein Leben mit der Liebe und der Weisheit meiner göttlichen Essenz zu führen.

Ich bitte um die Enthüllung der vollkommenen Bedeutung der göttlichen Einheit.

Ich bitte um umfassenden Beistand und Unterstützung für meine spirituelle Öffnung und die Rückgabe meiner spirituellen Geschenke.

Ich bitte um göttliche Einheit und eine größere Anbindung an alle Aspekte des Selbst, besonders an meine geliebte ICH BIN - Gegenwart und an meine höheren Mentalkörper.

Ich bitte darum, dass mir die Kraft, die Gnade, die Freude, die Güte und die Liebe gegeben werden, um alle vor mir stehenden Prüfungen und Herausforderungen zu bestehen und auf die nächsten Stufen zu gelangen, bis ich vollkommen in das Licht aufgestiegen und frei bin.

Ich bekunde meine tiefste Dankbarkeit für den Segen und die Heilung, die mein Leben jeden Tag erfüllen und für meinen Aufstieg.

Mit all meiner Liebe und Dankbarkeit verneige ich mich vor dem Licht meiner Göttlichkeit!

Es gibt keine richtige oder falsche Formulierung eures Gebetes für den Aufstieg. Lasst einfach euer Herz sprechen und erlaubt euren wahren Gefühlen, sich zu zeigen. Dann ist alles gut.

Vergleicht niemals euren Weg und eure Gebete mit anderen. Ihr seid alle einzigartig. Der Vergleich erschafft die Energie von Selbstzweifeln und ist nicht konstruktiv. Während der Aufstiegszeremonien profitiert jeder von den Gebeten der anderen, da ihr eine Gruppenerfahrung der Einheit erschafft.

Flüssiges goldenes Lichtelixir

Wenn jeder Teilnehmer auf dem Aufstiegsstuhl gesessen hat, bereitet euch vor, ein 5-dimensionales Lichtelixir zu empfangen. Meister Saint Germain, Serapis Bey und Adama laden euch ein, ein Elixir zu trinken, das mit der Frequenz des „flüssigen goldenen Lichts" geladen ist.

Während sich die Teilnehmer in einem ruhigen und meditativen Zustand befinden, gibt es eine kurze Pause, während dieser der Sprecher mit Hilfe von einem oder zwei Assistenten den perlenden Apfelsaft oder einen anderen Saft in die kleinen Becher oder Gefäße füllt und diese an die Teilnehmer verteilt.

Der Sprecher oder der Assistent sprechen eine kurze Anrufung und bitten darum, dass die Flüssigkeit, die alle in ihrer rechten Hand halten, durchdrungen wird von der Frequenz des flüssigen goldenen Lichtes.

Der Sprecher macht danach eine kurze Pause, um den vorsitzenden Meistern zu erlauben, die Flüssigkeit auf die Frequenz zu transformieren, die für jeden einzelnen Teilnehmer angemessen ist. Wenn das Signal gegeben wurde, trinken alle LANGSAM die Flüssigkeit, die nun zu einem „heiligen alchemistischen Elixir" geworden ist und bringen ihre tiefe Dankbarkeit zum Ausdruck für das Geschenk und den reichen Segen, der ihnen zuteil geworden ist.

Invokation

Im Namen des „ICH BIN DAS ICH BIN" bitte ich nun die geliebten Meister Saint Germain, Adama und Serapis Bey durch die Alchemie der Liebe, diese Flüssigkeit, die wir in unseren Händen halten, in die Schwingungen des reinen flüssigen goldenen Lichts zu transformieren.

Wir bitten darum, dass diese goldene Lichtfrequenz an die Bedürfnisse jedes Einzelnen und an das, was für jeden Einzelnen am Besten ist, angepasst werde.

Wir danken dafür, dass dieses flüssige goldene Licht hereinströmt und jeden Aspekt unseres Seins in reine Lichtessenz transformiert und danken für den reichen Segen, den wir heute empfangen.

Nach einem Moment der Stille und der Meditation in tiefer Dankbarkeit beschließt der Sprecher die Zeremonie, indem er die tibetischen Glocken drei Mal erklingen lässt. Die Teilnehmer kehren dann zu ihrem Tagesbewusstsein zurück und die Stille kann beendet werden.

Weitere Botschaft von Adama
und Meister Saint Germain

Die während der Aufstiegsaktivitäten erschaffenen Elixire sind so effektiv wie jene, die wir euch auf den Inneren Ebenen geben. Manch einer von euch hat schon von den um das Jahr 1930 entstandenen ICH BIN-Büchern gehört oder darin gelesen, dass David Lloyd das Elixir trank, das ihm von Saint Germain auf dem Mount Shasta gereicht worden war.

Sobald David davon getrunken hatte, begann sein Körper sich anzuheben und er entschwand ganz langsam, bis er vollkommen verschwunden war. Er stieg vor den Augen einer Gruppe von Menschen auf in die Reiche des Lichtes. Dies rief eine große Verwunderung bei allen Anwesenden hervor.

Wisset, ihr Lieben, dass David seinen Aufstieg auch auf andere Weise hätte vollziehen können, doch es war seine auf der inneren Ebene getroffene Entscheidung, auf diese spezielle Weise aufzusteigen und dieser Wunsch wurde ihm gewährt. Es geschah, weil für ihn der Zeitpunkt des Aufstiegs gekommen war. Wir könnten für euch das Elixir auch derart aufladen, dass ihr ebenfalls verschwinden würdet, doch dies entspricht nicht dem Plan der Gegenwart. Wir werden dies nicht tun, selbst wenn ihr uns darum bittet!

So lange nicht, bis es für euch an der Zeit ist, und glaubt uns, dass uns schon mehrere darum gebeten haben. Es tut uns für die Freunde leid, die darum gebeten haben, aber es ist unerlässlich, den für euch richtigen Zeitpunkt abzuwarten.

Wisset, dass in Zukunft eine Zeit kommen wird, in der sich Gruppenaufstiege ereignen werden, und in einigen Fällen wird es vor den Augen anderer geschehen, die dies bezeugen werden. Diese Zeit ist gar nicht so weit weg, doch ihr werdet noch einige Jahre darauf warten müssen. Wisset auch, dass diese Form des Aufstiegs niemals jemanden überraschend treffen wird. Es wird geschehen, weil ihr darauf vorbereitet seid und weil ihr genau dieser Art von Aufstieg zugestimmt habt.

Wenn ihr eure Zeremonie mit dem atomaren Beschleuniger durchführt, kontrolliert Meister Saint Germain stets die exakte Energiemenge, die jeder Einzelne erhält, entsprechend dem Schwingungslevel, mit dem er in der Lage ist, umzugehen. Wir wollen ganz sicher nicht, dass einer von euch vorzeitig verschwindet!

Manche von euch zögern noch oder sind zu schüchtern, wenn es darum geht, aus offenem Herzen heraus vor euren Brüdern und Schwestern frei zu sprechen. Wisset, ihr Lieben, in den Lichtreichen gibt es keine Geheimnisse; alles ist offenbar. Es ist das Beste, euch daran zu gewöhnen, wenn ihr wirklich die Absicht hegt, hierher zu kommen. Dann wird es später leichter für euch.

Wenn ihr erst einmal in die höheren Dimensionen gelangt seid, kann nichts mehr zurückgehalten werden. Es ist eine sehr gute Übung, die Fähigkeit zu erlangen, euer Herz vor euren Brüdern und Schwestern zu öffnen und nichts zurückzuhalten. Ihr braucht euch nicht für das zu schämen, was ihr tut! Es ist gut! Es erzeugt jedes Mal eine Explosion aus Licht, und euer Licht wird noch verstärkt, in dem ihr euch gegenseitig unterstützt und Impulse für das Licht auf eurer „Reise zu den Sternen" setzt.

Wir laden euch nun ein, euch in euren Städten zu Gruppen zusammenzuschließen, mindestens ein Mal im Monat, um als Brüder und Schwestern eure Wünsche und Absichten hinsichtlich eurer spirituellen Ziele zu bekräftigen. Lasst zu, dass mit jeder Zeremonie und den Absichten jedes Einzelnen Impulse gesetzt werden.

Stellt euch vor, wie kraftvoll dies sein kann! Ihr erzeugt dadurch kleine Netzwerke aus Aufstiegslicht überall auf dem Planeten, die immer kraftvoller werden, je mehr Personen daran teilnehmen. Diese Verstärkung des Lichtes wird immer mehr Kraft erlangen, indem die gesamten erzeugten Energien sich bündeln und vereinen.

Dies ist die Verstärkung des Lichtes und der Aufstiegs-flamme, die nötig ist, um diesen Planeten und die ganze Menschheit, die sich für den Aufstieg entscheidet, in einem großartigen wirbelnden Tornado an Aufstiegslicht voranzutreiben, der alle Dunkelheit auf diesem Planeten auflösen und für jeden Mann, jede Frau und jedes Kind die Würde ihrer Göttlichkeit wieder herstellen wird.

Auf diese Weise wird die Dunkelheit vollständig ausgeräumt und durch einen großartigen Sieg des Lichtes verzehrt. Doch ihr müsst euren Teil in eurer Dimension dazu beitragen, geliebte Kinder unseres Herzens. Es wird nicht einfach automatisch ohne euren Beitrag und eure Teilnahme geschehen, einfach nur, weil ihr es euch wünscht.

Wir aus Telos haben so viel Freude an euren Zeremonien der Liebe und der Absichtsbekundung. Seid versichert, dass wir und Saint Germain bestimmt jedes Mal bei euch sein werden und euch unterstützen und lieben auf eurem Weg zu eurem eigenen siegreichen Aufstiegstag.

Adama: Möchtet ihr noch etwas dazu sagen oder habt ihr noch irgendwelche Fragen dazu?

Aurelia: Dies ist das unglaublichste Angebot, das du uns hinsichtlich unserer Gruppentreffen auf der ganzen Welt jemals gemacht hast. Dieses Erfahren der verschiedenen Aufstiegs-frequenzen durch die Aufstiegszeremonien und das Einnehmen von spirituellen Elixieren. Du bietest uns eine stetige Frequenz-erhöhung durch dieses schöne Ritual an, nicht wahr?

63

Adama: Das tun wir, und ihr könnt dies so oft durchführen, wie ihr möchtet. Es liegt bei euch, ob ihr dies als Werkzeug nutzen möchtet, um euren Weg zu erleichtern. Es ist ein Werkzeug, dessen Energien sich immer stärker aufbauen, wenn ihr zusammenkommt. Viele möchten aufsteigen, doch sie vergessen oft, ihre Absicht zu bekunden und sind auch nicht immer bereit, die erforderlichen Anstrengungen zu unternehmen, die notwendig sind, um vollständige spirituelle Freiheit zu erlangen.

Wenn ihr zusammenkommt und eure Absichten bekundet, werden diese in eurem Leben verstärkt. Diese Treffen können als wundervolle Möglichkeiten dienen, um Zeit unter Gleichgesinnten zu verbringen. Ihr könnt auch hinterher an einem gemeinsamen Essen teilnehmen, wenn ihr möchtet. Dies ist die lemurianische Art, Dinge auf sehr einfache Weise zu tun, ohne viel Aufwand und große Umstände, ganz einfach, indem wir die Götter und Göttinnen sind, die wir sind. Wir laden euch ein, es uns gleich zu tun. Zieht euren Nutzen aus den Werkzeugen, die euch bei der Anhebung eures Bewusstseins auf sehr einfache und vergnügliche Weise helfen werden.

Und so sei es, geliebte Kinder unseres Herzens. Seid in Frieden und Liebe mit euch selbst. Bald werden wir euch in die Arme der Liebe schließen.

Bewerbung für den Aufstieg vor 2012

Diese Verpflichtung wurde ursprünglich am 12.9.2006 von einer Gruppe von 22 Franzosen während einer Initiationsreise zu Ahnahmars Garten auf dem Mount Shasta eingegangen.

Im Namen des Christus und des großen „ICH BIN" meines Seins, meiner göttlichen Essenz,

* ich lade nun als Zeuge die Gegenwart der höchsten Quelle, des Schöpfers aller Universen ein;

* ich lade ebenso die Gegenwart von Sanat Kumara und seiner geliebten Zwillingsflamme Lady Venus ein;

* ich bitte um die Gegenwart des Planetaren Christus, Lord Maitreya, und von Meister Sananda sowie vom Maha Chohan, der das Amt des Heiligen Geistes für diesen Planeten inne hat;

* ich lade die Gegenwart des Chohans oder Wächters eines jeden der sieben Strahlen ein - Meister El Morya, Meister Lanto, Paul, der Venezianer, Serapis Bey, Hilarion, Meister Sananda mit Lady Nada und Meister Saint Germain;

* ich lade die Gegenwart der verschiedenen Aspekte der Göttlichen Mutter und ihrer vielen Stellvertreter ein, wie die

Planetare Göttin in der Person von Mutter Erde, die lemurianische Göttin, vertreten durch die Schwesternschaft von Telos, Mutter Maria und Kwan Yin;

* ich lade die Gegenwart all unserer uns bekannten und uns unbekannten Engel, geistigen Führer und Meister ein, die unsere Bestimmung leiten und uns in unserem Evolutionsprozess unterstützen;

* schließlich lade ich auch die Gegenwart meiner geliebten Zwillingsflamme der 5. Dimension und darüber hinaus ein, an meiner Seite zu sein.

Ich, (Name)…., komme heute hier in voller Absicht und mit dem Feuer meiner Herzensflamme vor den Altar des Christusamtes, um mich für das Erlangen des vollständigen Aufstiegs vor 2012 oder im Jahr 2012 zu bewerben, während des Aufstiegs der Erde, sie zu begleiten während ihrer momentanen Vollendung oder kurz danach.

Ich erkläre meine Absicht, auf Erden zu wandeln als ein Aufgestiegener Meister voller Liebe, Weisheit, Kraft und Würde eines unsterblichen Wesens.

Ich verpflichte mich, jegliche Arbeit zu leisten, die zu leisten ist, auf allen Ebenen, um alle notwendigen Voraussetzungen zu erfüllen, um diese Ebene der bedingungslosen Liebe und Evolution zu erreichen.

Mit offenem und demütigem Herzen verpflichte ich mich voller Fleiß diesem Ziel, im Angesicht der Spirituellen Hierarchie dieses Planeten und vor jenen der Inneren Erde, einschließlich des Königs und der Königin von Telos, Adama, Ahnahmar, vor dem lemurianischen Hohen Rat von Telos und vor all unseren Brüdern und Schwestern von Telos und vor allen jenen, die mich auf meiner spirituellen Reise hin zum Aufstieg unterstützen.

Ich bitte die geliebten Meister Sanat Kumara, Lord Maitreya und Meister Sananda, mir alle Unterstützung zukommen zu lassen, die ich für die Erreichung dieses Ziels benötige.

Möge meine Bitte erhört werden im Himmel und auf Erden! Mögen alle nötigen Umstände in Gang gesetzt werden für die Manifestation meiner Bitte!
Und so geschehe es, geliebtes ICH BIN!

--   ----------------------

Unterschreibe mit deinem Namen   Datum

Unterschreibe diesen Antrag nicht leichtfertig; sei dir sicher, dass du ernsthaft und entschlossen bist hinsichtlich deiner feierlichen Verpflichtung für deinen Aufstieg.

Botschaft von Meister Saint Germain

Gechannelt von Denise Laberge als Ergebnis dieser Verpflichtung.

Friede sei mit euch, meine Brüder und Schwestern! Ich sende in das Herz jedes Einzelnen meinen Strahl der Violetten Flamme, mit Gold umhüllt, um euch zu unterstützen und um euch eine extra Portion Stärke zu geben, damit ihr die feierliche Verpflichtung erfüllen könnt, die ihr gerade vor dem Schöpfer, eurer eigenen ICH BIN - Gegenwart und euch selbst eingegangen seid.

Für uns aus den Lichtreichen ist es eine große Ehre und ein Privileg, euch alle auf diese Art und Weise hier versammelt zu sehen. Es war für uns eine sehr große Freude, Zeugen eures Enthusiasmus zu sein, mit dem ihr alle ohne Zögern akzeptiert habt, euch selbst dieser großen persönlichen Herausforderung zu verpflichten. Wisset, dass euch der ganze Planet dankbar ist für die Verpflichtung, die ihr gerade eingegangen seid.

Die Planetare Göttin, die Erdenmutter, hält nun ihre Hände über eure Gruppe und strömt in das Herz jedes Einzelnen einen rosa-goldenen Lichtstrahl, um euch ihren Rückhalt, ihre Liebe und ihr Licht zu bringen und um euch direkt bei der Verpflichtung, die ihr gerade eingegangen seid, zu unterstützen.

Diese Verpflichtung ist nicht nur persönlicher, sondern auch planetarer Natur, denn sie dient auch dem ganzen Planeten und der Menschheit. Durch eure Tat habt ihr nun gerade eine große revolutionäre Bewegung in den Lichtreichen und eine große Welle des Erwachens im Bewusstsein der Menschheit in Gang gesetzt. In Wahrheit ist jedes menschliche Wesen auf diesem Planeten mit allen anderen verbunden; ihr alle seid miteinander verbunden.

Indem ihr diese Zusage in mündlicher Form in diesem großen himmlischen Tempel geäußert habt, wurdet ihr von der gesamten Schöpfung gehört, bis hin zum heiligen Herzen des Schöpfers. Um euch hierfür zu danken, wird nun jedem von euch eine außergewöhnliche Segnung zuteil. Von diesem Moment an werden sieben geistige Führer permanent um euch sein und werden euch bis zu dem Tag eures Aufstiegs eifrig unterstützen. Sie werden stets mit euch arbeiten, bis eure Füße fest auf der letzten Stufe der goldenen Treppe des Aufstiegs stehen, die für euch die Tore zu der großen Halle des Aufstiegs öffnet.

Unsere Herzen sind erfüllt von Freude und Licht. Wisset, dass ihr niemals allein seid. Bittet immer wieder um die Unterstützung eurer geistigen Führer. Bittet sie, sich den neuen geistigen Führen anzuschließen, die euch gerade zugeteilt worden sind. Wir segnen euch aus unseren Herzen. Wisset, dass unsere Liebe für euch rein und tief ist.

Gebete

Anrufung der
Aufstiegsflamme
zur persönlichen und planetaren
Heilung und Transformation

Sprecht jedes dieser Gebete ein Mal, drei Mal, sechs Mal oder neun Mal, entsprechend eurer inneren Führung. Jedes Mal, wenn ihr ein Gebet wiederholt, erzeugt ihr einen Lichtimpuls, der in dem Gebet verschlüsselt ist.

Gebet zur Selbstliebe und für den Aufstieg

Vor Gott, dem Herrn meines Seins, ICH BIN DAS ICH BIN, erkläre ich:

Ich empfinde Liebe für meinen Aufstiegsweg.

Ich habe Mitgefühl für jeden physischen und emotionalen Schmerz, den ich noch zu heilen habe.

Ich danke dafür, dass ich nun die Vergangenheit heile und das Neue entstehen lasse.

Als ein Meister des göttlichen Ausdrucks, der hier auf Erden wandelt, bringe ich nun das Licht meiner Göttlichkeit hervor.

Ich aktiviere und transformiere nun meine DNA zu ihrem 5-dimensionalen Potenzial.

Ich wähle nun, meinen physischen Körper vollkommen zu heilen und zu verjüngen.

Ich wähle, glücklich, harmonisch und dankbar zu bleiben.

Ich beanspruche meine Meisterschaft, um meine Freiheit zu manifestieren.

Ich erlaube meiner Göttlichkeit, sich auf eine ganz wundersame Art und Weise zu manifestieren.

Ich danke, dass dies alles gemäß Gottes heiligem Willen geschehe!

Ich bitte um Wellen des Aufstiegslichts, die mich täglich und stündlich durchströmen.

Und so sei es, geliebtes ICH BIN!

(Drei Mal wiederholen).

Aufstiegsaffirmationen

von Erzengel Gabriel

ICH BIN eine Quelle der Jugend und ewiger Reinheit.

ICH BIN die Vollkommenheit meines Christus-Sieges.

ICH BIN eins mit dem Herzen Gottes.

ICH BIN die Reinheit der Liebe.

ICH BIN die Reinheit der Auferstehungsflamme.

ICH BIN die Reinheit der Heilungsflamme.

ICH BIN die Reinheit der Aufstiegsflamme.

ICH BIN die Reinheit all meiner Wünsche.

ICH BIN die Reinheit all meiner Gedanken und Gefühle.

ICH BIN die Reinheit meiner Absichten.

ICH BIN die Reinheit all meiner Chakren.

ICH BIN die Reinheit der Liebe in physischer Form.

ICH BIN Gott in Tätigkeit, bei allem was ich tue.

ICH BIN die Erfüllung meines Aufstiegs ins Licht.

ICH beanspruche meine Freiheit und meinen Sieg im Licht JETZT!

(Jede Affirmation 3 Mal wiederholen).

Gebet zum persönlichen Aufstieg

Im Namen meiner geliebten göttlichen Gegenwart „ICH BIN" bitte ich, die Einweihungen zu empfangen, die nötig sind, um mich für den Aufstieg zu qualifizieren. Ich bitte um eine große kosmische Welle der kosmischen Flamme der Reinheit, die aus meinem Geist, aus meinen Gedanken, aus meinen Gefühlen, aus meinem Körper und aus allen feinstofflichen Körpern jede Schwingung menschlicher Schöpfung entferne, die unrein ist und weniger als meine göttliche Vollkommenheit in Gott.

Möge die Flamme der Reinheit in meiner Welt
alle verbliebenen negativen Energien umwandeln!
Möge die Liebe des Christus sich in mir ausdehnen
durch die Kraft der Aufstiegsflamme!
Möge die Auferstehungsflamme die Erinnerungen erwecken
an meine göttliche Blaupause,
damit ich für immer frei sein kann von aller Zwietracht,
die ich jemals erschaffen habe!

Ich versichere, dass ICH Reinheit in Tätigkeit BIN.
ICH BIN Gottes Reinheit, erschaffen in Geist, Körper und Seele.
Lasst mich auch bitten um Reinheit für jeden Teil des Lebens auf Erden.
Lasst mich bitten um Reinheit für meine Familie, meine Freunde und für die
gesamte Familie Gottes, alle Königreiche und für die Erde.
Und so sei es, geliebtes ICH BIN!
(Wiederholt die letzten beiden Strophen drei Mal).

Ich nehme nun das Geschenk meines Aufstiegs an!

Geliebter Himmlischer Vater/Mutter-Gott und meine eigene göttliche Gegenwart ICH BIN in mir und über mir, ich grüße euch und sende euch meine reinste göttliche Liebe und Dankbarkeit. Ich danke euch für das Geschenk des Lebens und bitte um das Geschenk meines Aufstiegs in die Reiche des Lichtes und der Liebe. Es ist mein Wunsch und meine Absicht, meinen göttlichen Plan auf Erden zu erfüllen und die Erde und meine Mitmenschen zu unterstützen, dies ebenso zu tun.

Ich bitte euch, meine Seele für den Aufstieg in diesem Leben vorzubereiten und mir alle Lektionen zu präsentieren, die ich lernen muss, um erfolgreich alle Ebenen der sieben heiligen Einweihungen zu bestehen, damit ich mich für den Aufstieg qualifiziere. Ich bitte darum, dass mir der Reinigungsprozess täglich gezeigt werde, der notwendig ist, damit dies geschehen kann. Ich bitte auch darum, dass meine Läuterung mit Liebe, Leichtigkeit, Gnade, Weisheit und Behutsamkeit vor sich gehe.

Voll tiefster Liebe, Demut und Hingabe richte ich nun diese Bitte an euch.

Voll tiefster Liebe, Demut, Dankbarkeit und Hingabe öffne ich mich, um das Geschenk meines Aufstiegs zu erhalten.

Voll tiefster Liebe, Demut, Dankbarkeit und Hingabe erkläre ich, dass ich, als Kind Gottes, würdig bin, meinen Aufstieg zu erlangen.

Voll tiefster Liebe, Demut, Dankbarkeit und Hingabe nehme ich meinen Aufstieg nun an und akzeptiere vollkommen meine Göttlichkeit.

Voll tiefster Liebe, Demut, Dankbarkeit und Hingabe nehme ich alle Geschenke an, die mir als einem vereinten Wesen gehören!

Ich danke für das Geschenk meines Aufstiegs in diesem Leben!

Und so sei es, geliebtes ICH BIN!

Gebet zur Transformation und für den Aufstieg

Meine geliebte ICH BIN - Gegenwart, ich anerkenne dich als Quelle meines Seins und meines Lebens. Ich bitte um den göttlichen Plan für mein Leben und meinen heiligen Zweck auf Erden, dass er sich nun manifestieren möge. Bitte lasse deine Liebe und dein Licht in mein Herz scheinen und in all meine Chakren, in meinen Geist, meine Gefühle und in meinen physischen Körper.

Ich bin gewillt und bereit, mehr von deinem Licht und deiner Gegenwart zu empfangen, damit ich mein Bewusstsein durch deine Christus-Liebe und deine Christus-Weisheit ausdrücken und ausdehnen möge. Ich bitte dich, meine Herzens- und Gefühlswelt zu überwachen, damit ich täglich und in allen Angelegenheiten meines Lebens die Weisheit und Führung erhalte, die mich schnell, mit Leichtigkeit und Gnade, durch die sieben Tempel des Einweihungsweges führt, damit ich das Geschenk meines Aufstiegs erhalte, sobald ich alle Anforderungen erfülle.

Fülle alle Bedingungen und Aktivitäten meines physischen Lebens an mit deinem heiligen Feuer, deiner Liebe und Reinheit, deiner Gnade, mit der göttlichen Perfektion und mit all den göttlichen Attributen der sieben heiligen Flammen. Enthülle mir deinen göttlichen Willen und befreie in mir den Strahl der Erleuchtung des göttlichen Geistes. Durchströme mich mit der heilenden Kraft deiner ewigen Gegenwart. Und so sei es, geliebtes ICH BIN!

Gebet um Reinheit

Im Namen meiner geliebten siegreichen göttlichen ICH BIN - Gegenwart, ich beteuere, dass ICH deiner Reinheit würdig BIN. Ich bitte um eine große kosmische Welle der kosmischen Flamme der Reinheit, die aus meinem Geist, aus meinen Gedanken, meinen Gefühlen, meinem Körper und aus allen feinstofflichen Körpern jede Schwingung menschlicher Schöpfung entferne, die unrein ist und weniger als meine göttliche Vollkommenheit in Gott.

Ersetze sie alle durch die Vollkommenheit des Christusgeistes. Manifestiere in mir die Kraft der Wiederauferstehung und der Aufstiegsflamme, damit ich, durch die Kraft des Strahles der Reinheit, frei sein möge von aller Zwietracht, die ich jemals erschaffen habe und von aller Zwietracht, die jemals gegen mich und gegen das Licht, wofür ich stehe, gerichtet war.

ICH BIN Reinheit in Tätigkeit. ICH BIN Gottes Reinheit, die in meiner Seele, meinem Geist und meinem Körper besteht. Lasst mich auch die Reinheit erbitten für jeden Teil des Lebens auf Erden, für meine Familie, meine Freunde, die gesamte Familie Gottes, für alle Königreiche und für Mutter Erde. Und so sei es, geliebtes ICH BIN!
(Wiederholt die letzten beiden Strophen drei Mal).

Anrufung des rosa-goldenen Strahls

Im Namen der siegreichen göttlichen ICH BIN - Gegenwart rufe ich zu dem Herzen des geliebten Serapis Bey und der Bruderschaft der Aufstiegsflamme von Luxor, geliebter Saint Germain, geliebter Jesus/Sananda, geliebter Sanat Kumara und Lady Venus, ihr sieben mächtigen Elohim, ihr sieben geliebten Erzengel und ihr sieben Chohans der Strahlen. Ich rufe den rosa-goldenen Strahl aus dem Herzen Gottes an, um mein Vier-Körper-System und alle meine anderen feinstofflichen Körper zu entfalten und ich spreche:

Rosa-goldenes Licht aus dem Herzen Gottes
(drei Mal wiederholen),
durchströme meine Form mit deinem strahlenden
rosa-goldenen Glanz.
Erfülle mich mit dem rosa-goldenen Licht von oben.
Erfülle mich mit der rein-weißen Aufstiegsflamme.
Erhebe mich in deine ewige Herrlichkeit.
Lasse mein gesamtes bewusstes Sein und die Welt
wieder auferstehen.
Erleuchte mich und lade mich auf mit dem Licht der kosmischen Liebe zum Sieg meines Aufstiegs und zum Siegmeiner ewigen Freiheit im Licht.
So wie ich dies für mich selbst und für die Erde erbitte, so erbitte ich dies auch für jeden Mann, jede Frau und jedes Kind auf diesem Planeten.
Und so sei es, geliebtes ICH BIN!
(Wiederholt die letzten 12 Zeilen drei Mal).

Anrufung des kosmischen Aufstiegslichtes

Geliebte glorreiche ICH BIN - Gegenwart, Licht meiner Seele, möge das Licht des kosmischen Aufstiegs und der göttlichen Liebe sich in meine Seele ergießen und auf die Erde, so wie das Licht von tausend Sonnen, das die Erde durchdringt und ihre Menschen und ihre vielen Königreiche damit durchströmt.

Möge alle Negativität, Illusion und Karma durch dieses kosmische Aufstiegslicht Gottes, das niemals versiegt, verwandelt werden. Möge das große Goldene Zeitalter der Erleuchtung, der Liebe, des Friedens, der Bruderschaft und des Wohlstands für alle nun auf unserem geliebten Planeten erschaffen werden durch dieses große Aufstiegslicht! Durch die Autorität meiner geliebten ICH BIN - Gegenwart, dem Licht des Vater/Mutter-Gottes und durch die Autorität des gesamten Geistes der Großen Weißen Bruderschaft bekräftige ich:

Als ein Sohn Gottes erkläre ich nun, dass ICH eine Autorität auf Erden BIN. ICH rufe das Licht von tausend Sonnen, das nun auf diesem geliebten Planeten freigesetzt werden möge für die sofortige Transformation der Erde in einen „strahlenden Stern", gemäß ihrer Bestimmung, und für die Anhebung der Menschheit in ihre ewige Freiheit in den

Reichen des Lichtes und der göttlichen Perfektion. Ich bitte darum, dass das Licht, das benötigt wird, um das Königreich Gottes auf Erden zu manifestieren, so wie es im Himmel ist, nun freigesetzt werde ohne Beschränkungen, bis alles in das Licht und in die Freiheit aufgestiegen ist. Und so sei es, geliebtes ICH BIN!

(Wiederholt dieses Gebet drei Mal oder so oft, wie ihr es für richtig empfindet. Ihr erschafft jedes Mal, wenn ihr dieses und alle anderen Gebete wiederholt, einen immer größeren Licht-Impuls).

Versiegelung der Erde mit dem Aufstiegsfeuer

Geliebte mächtige glorreiche Gegenwart Gottes meines Seins, ICH BIN, und aller Menschheit, geliebte Legionen der Aufstiegsflamme, Engel der Reinheit und des Sieges, Bruderschaft des Aufstiegsfeuers von Luxor und Telos, und der gesamte Geist der Großen Weißen Bruderschaft, ich bekräftige:

VERSIEGELT, VERSIEGELT, VERSIEGELT unsere liebe Erde, ihre Atmosphäre, all ihre Regierungen, ihre Menschen und ihre vielen Königreiche mit der unendlichen mächtigen Aufstiegsflamme und durchlodert sie vollständig! Lasst die feurige Essenz der Aufstiegsflamme jeden Mann, jede Frau und jedes Kind auf diesem Planeten, jedes Tier, jeden Berg, jeden Ozean, jeden Fluss und jeden See, jeden Baum, jeden Grashalm, jede Blume durchdringen und durchströmen und hebt alles Leben auf der Erde aus der menschlichen Negativität heraus in die glorreiche Schwingung des Christus-Lichtes und die Perfektion des Aufstiegs!

Haltet diese Schwingung für immer aufrecht! Lasst die Aufstiegsflamme und das Feuer der göttlichen Liebe in jedes Teilchen des Lebens auf diesem Planeten und seiner Evolution fließen. Erlaubt uns allen, in das Haus unseres Vater/Mutter-Gottes zurückzukehren, woher wir kamen, um für immer im ewigen Sieg des erfüllten göttlichen Planes Gottes verbleiben zu können! Ich danke dafür, dass dies geschieht, denn ich habe diese Bitte im heiligsten Namen Gottes ICH BIN gesprochen! Und so sei es, geliebtes ICH BIN!
(Wiederholt die letzten beiden Strophen drei Mal).

Durchdringung der Erde
mit der strahlenden Aufstiegsflamme

Im Namen der siegreichen Gegenwart Gottes ICH BIN, rufe ich zu den Meistern des Lichtes des gesamten Geistes der Großen Weißen Bruderschaft, der geliebten Göttin der Reinheit, geliebter Serapis Bey und die Bruderschaft der Aufstiegsflamme in Luxor und Telos, geliebte Königin des Lichtes und geliebte Engel der strahlenden Aufstiegsflamme.

Durchdringt jedes Teilchen des Lebens auf Erden mit dem Violetten Feuer und der Aufstiegsflamme. Reinigt, erleuchtet und erhöht das Bewusstsein allen Lebens und aller Königreiche, die sich hier weiterentwickeln. Lasst eure Flamme lodern, leuchten und sich ausdehnen wie das Licht von tausend Sonnen. Reinigt unseren Geist, unsere Erinnerungen und Gefühle von allen Blockaden und aller Negativität. Reinigt unsere Körper von allen Krankheiten und aller Schwäche. Flutet unsere Welt mit den reinen schneeweißen Strahlen der Reinheit der Aufstiegsflamme! Durchdringt und reinigt so lange, bis wir kristallklar werden und wir alles, womit wir in Berührung kommen, mit dem strahlenden Licht der Aufstiegsflamme transformieren.

Durchleuchtet uns mit der strahlenden Aufstiegsflamme
(Drei Mal wiederholen).
Durchdringt die Erde mit der Violetten Flamme.
Durchdringt die Erde mit den Flammen des Aufstiegsfeuers.
Befreit uns, damit wir mit euch in den Reichen der ewigen
Freiheit und der unendlichen Perfektion nun und für immer
sein mögen.
Und so sei es, geliebtes ICH BIN!
(Wiederholt die letzten 6 Zeilen drei oder sechs Mal.

Die Zeit ist nun gekommen!

Die Zeit ist nun gekommen,
das Licht meiner Göttlichkeit hervorzubringen.

Ich öffne mich nun dem Fluss der Liebe,
der in meinem Herzen ist.
Die Liebe möge endlos fließen!

Ich öffne mich nun dem Fluss des Lebens,
der in meinem Herzen ist.
Das Leben möge endlos fließen!

Ich öffne mich nun dem Fluss des Lichtes,
der in meinem Herzen ist.
Das Licht möge endlos fließen!

Ich öffne mich nun dem Fluss des Friedens,
der in meinem Herzen ist.
Der Friede möge endlos fließen!

Ich öffne mich nun dem Fluss der Freude,
der in meinem Herzen ist.
Die Freude möge endlos fließen!

Ich öffne mich nun dem Fluss der Fülle,
der in meinem Herzen ist.

Die Fülle möge endlos fließen,
bereit, unendliche Gnade und Geschenke
in meinem täglichen Leben hervorzubringen,
nun und für alle Zeit!

Ich öffne mich nun dem Fluss der Violetten Flamme,
die mich durch meinen Aufstieg reinigt.

Höre, oh Universum, ich bin dankbar!
(Wiederholt dies drei Mal).

Gesänge der Danksagung

Meine geliebte ICH BIN - Gegenwart,

dankbar bin ich nun dir!

Lass fließen des Lebens perfekte Essenz,

die nun die ganze Erde befreit!

Lass uns dich nun klar erkennen,

oh – zerreiße nun den menschlichen Schleier.

Segne die Meister, die wir zutiefst lieben,

durch ihre Liebe triumphiert Gott!

Danke für die Luft, die wir atmen,

danke für die Erde, das Meer und den Himmel.

Danke für den reichen Segen,

den die Menschen so gedankenlos vorüberziehen lassen.

Danke für ein Herz, das schlägt,

danke auch für Heim und Bequemlichkeit.

Danke für perfektes Sehen und Hören,

alles durch die Liebe, die von dir ausströmt!

Danke für den gesegneten Sonnenschein,

der unsere Welt mit Jubel erfüllt,

danke für die Urgewalten,

und den Freund, den wir so gerne haben.

Danke für der Liebe große Vergebung,

danke auch für die liebende Gnade.

Danke für Gottes großes Geschenk der Heilung,

oh – danke für alles, was du tust!

Segne Amerika, „das Freie",

erhebe seine Menschen aus der Knechtschaft,

erhebe ihr Bewusstsein zu dir.

Halte sie im Herzen der Freiheit,

versiegle sie in der Violetten Flamme,

reinige ihre Häuser und Familien

durch die Liebe von Saint Germain!

Meine geliebte ICH BIN - Gegenwart,

dankbar bin ich nun dir,

nimm meinen Körper, meinen Verstand und meinen Geist,

nimm mein Herz und meine Seele.

Mach aus mir deinen perfekten Kelch,

Botschafter von Liebe und Frieden,

durch das Licht Gottes,

lass uns die süße Erlösung des Aufstiegs zuteil werden.

(Autor unbekannt).

Über Aurelia Louise Jones

Aurelia Louise Jones wurde in Montreal als Tochter einer französisch-kanadischen Familie in den frühen 40-er Jahren geboren. Zu Beginn ihrer beruflichen Laufbahn erlernte sie den Beruf der Krankenschwester und arbeitete als Gesundheitsberaterin, als Naturheilkundlerin und Homöopathin, die unterschiedliche holistische Behandlungsmethoden einsetzte. Im Jahr 1989 zog sie in die USA.

Unter der Führung der Bruderschaft des Lichtes und des Ordens des Melchizedek wurde sie 1998 als Minister ordiniert. Seit damals hat sie den größten Teil ihrer Zeit dem Amt als spirituelle Ministerin gewidmet. In ihrer Rolle als spirituelle Lehrerin des höheren Bewusstseins lag ihr Hauptfokus darin, das Bewusstsein der Menschheit für die spirituellen Wahrheiten, die zum Aufstieg führen, zu erwecken.

Im Jahre 1997, während sie in Montana lebte, erhielt sie direkte Anweisung von Adama und dem lemurianischen Rat des Lichtes von Telos als Vorbereitung für die Erfüllung ihrer Arbeit mit ihnen nach Mount Shasta umzuziehen. Dies wurde zur Hauptaufgabe ihres Lebens. Ein Jahr später, im Juni 1998, zog sie nach Mount Shasta.

Sie ist die Gründerin des Mount Shasta Light Publishing - Verlages und dem lemurianischen Verbindungsnetzwerk. Auf Anfrage von Lady Kwan Yin channelte Aurelia Louise Jones durch ihre Katze Angelo eine berührende Botschaft aus dem Königreich der Tiere, nun erhältlich in Buchform, mit dem Titel *Angelos Message to the World*. Angelo ist ihre Lieblingskatze, die inkarnierte, um mit ihr zusammen zu leben, um ihre Botschaft im Auftrag des Königreiches der Tiere zu übermitteln.

Sie veröffentlichte die Reihe der Telos-Bücher, Band 1, 2 & 3 *(erhältlich im Lippert-Verlag)* und brachte damit die lemurianischen Lehren zu den Menschen der Oberfläche. Die Reihe der Telos-Veröffentlichungen ist in vielen Ländern und in einigen Sprachen erhältlich.

Diese Bücher beinhalten wichtige Werkzeuge für das Verständnis unserer Zukunft auf dem Planeten, wie das Leben wirklich zu leben ist, und wie wir uns und die gegenwärtige Realität in eine Welt aus Liebe und Licht verändern können.

Aurelia Louise Jones channelt Adama, den Hohepriester der lemurianischen Stadt Telos sowie andere Meister des Lichtes als Teil ihrer Mission. Sie hält von Zeit zu Zeit lemurianische Zusammenkünfte ab und organisiert Einweihungsreisen im Mount Shasta Gebiet im Sommer. Weiterhin veranstaltet sie Konferenzen und Workshops in verschiedenen Ländern der Erde.

Hinweis von Aurelia Louise Jones

Bitte nehmt zur Kenntnis, dass ich jeden Tag eine große Anzahl E-Mails aus vielen Ländern erhalte. Es ist für mich unmöglich geworden, selbst einen kleinen Prozentsatz dieser Post zu beantworten und gleichzeitig in der Lage zu bleiben, die für die Ausweitung der Mission und für meine persönlichen Belange notwendige Arbeit zu tun. Ich lese eure Briefe und würde gerne eure herzlichen Schreiben beantworten, aber das ist nicht machbar. Ich bitte um euer Verständnis und euer Mitgefühl. Mögen Frieden und Liebe mit euch sein.

Die Telos Weltstiftung

Mission

Wir sind eine nicht profitorientierte Organisation, die sich der Expansion der Information und der Lehren von Telos und der Vorbereitung auf das letztendliche Hervortreten unserer lemurianischen Brüder und Schwestern auf der Erdoberfläche widmet.

Ziele

Die Ziele der Stiftung sind folgende:
- Die Ausdehnung der lemurianischen Mission in Kanada und weltweit.

- Unterstützung der Schriften und Arbeit von Telos.
- Assistenz für andere Gruppen, besonders für internationale Gruppen, um Strukturen bereitzustellen und die Lehren von Telos zu fördern.
- Assistenz bei der Einrichtung von lemurianischen Websites in anderen Sprachen.
- Aufbau eines Zentrums zur Unterrichtung und Brüderlichkeit. - Bereitstellung von benötigtem Kapital, um unsere Ziele zu erreichen.

Adresse: Telos World-Wide Foundation, Inc. Center 7400, 7400 St. Laurent, Office 226, Montreal, QU - H2R 2Y1 - CANANDA Tel: (001 International) 1-514-940-7746

E-Mail:
info@fondationtelosintl.com / info@telosmondiale.com fondation@lemurianconnection.com

Web Sites:
www.fondationtelosintl.com
www. telosmondiale.com/index.php

Telos Deutschland:
www.lemurian-connection.de

Telos Frankreich:
Gaston Tempelmann, president
www.telos-france.com

Die Bilder der erwähnten Meister

Serapis Bey

Adama

Saint Germain

Alle Bilder im Format 15x20cm im Lippert-Verlag erhältlich (siehe Seite 2), Bild Serapis Bey und Saint Germain je EUR 5,50/CHF 10.-, Adama EUR 7.-/CHF 12.-.

Die TELOS Bücher 1-3 und das CD Set

Telos handelt vom Leben im Neuen Lemuria, vom Leben der Menschen in Telos, ihren Beziehungen, Ehen und Kindern, den Tempeln und Portalen, den Einwohnern der Inneren Erde und den anderen Städten des Agartha-Netzwerkes, von den Zugangsbedingungen für Telos, dem Erscheinen der Telos-Bewohner auf der Erdoberfläche, um die "große Begegnung", die Wiedervereinigung mit den Menschen vorzubereiten.

Telos Bücher und CD Set
Buch 1: 272 S. EUR 21,90/CHF 36,80 ISBN 978-3-933470-19-5
Buch 2: 292 S. EUR 22,90/CHF 39,80 ISBN 978-3-933470-16-4
Buch 3: 352 S. EUR 24,90/CHF 43,90 ISBN 978-3-933470-15-7
Telos 2 CD Set (mit allen Meditationen aus den Büchern 1-3)
EUR 29,90/CHF 49,90, ISBN 978-3-933470-17-1

Inhalt Telos CD Set:

CD 1 enthält folgende Meditationen:
1.) Zum Großen Jadetempel 15:19 2.) Die Reise zum Tempel des göttlichen Willens in Telos 20:45 3.) Die Reise zum Tempel der Violetten Flamme in Telos 18:39 4.) Die Reise zum Tempel der Erleuchtung 23:01

CD 2 enthält folgende Meditationen:
1.) Anrufung der Goldenen Flamme der Erleuchtung 3:58 2.) Reise zum Tempel der kristallrosafarbenen Flamme der Liebe 21:25 3.) Reise in den Aufstiegstempel von Telos 15:46 4.) Reise in den Tempel der Auferstehung in der fünften Dimension 21:34

Lippert-Verlag, Hartgass 9
D-88639 Wald
Tel. 07578-2229, Fax -/933194
service@lippert-verlag.de

Geführte Meditationen im Lippert-Verlag

3 CD-Set - Dr. Stone   ***Preis Set EUR 59,90/CHF 99,90***

In Deutsch gesprochen von R. Lippert   ***Einzeln EUR 21,90/CHF 35,90***

1 CD Aufstieg ISBN 978-3-470-39-3
1. Die große Aufstiegsmeditation 48:00
2. Die 50 Punkte umfassende kosmische Reinigungsmeditation 21:00

2 CD In der Goldenen Kammer
von Melchizedek ISBN 978-3-470-38-6
1. In der Goldenen Kammer von Melchizedek 30:00
2. Aktivierung der Göttlichen Mutter und der Meisterinnen 37:00

3 CD Aufstiegsaktivierungen   ISBN 978-3-470-37-9

1. Aufstiegsaktivierungen 17:00
2. Aufstiegsplatz Gottes 21:00
3. Verankerung der kosmischen Strahlen 23:00
4. Anrufung der Heilengel 10:00

....

CD Mahatma   ISBN 978-3-933470-47-8 EUR 19,90/CHF 32,90

Die Mahatma-Energie ist die zur Zeit wichtigste und höchste
Energie, die wir auf der Erde erfahren können. Sie führt uns die
352 Ebenen des göttlichen Bewusstseins hindurch direkt zur
Urqelle. Das Besondere ist: Wir können die Mahatma Energie
bitten, uns bei speziellen persönlichen Problemen zu helfen. Wir
können zudem darum bitten, dass sie unseren Körper und unser
Wesen heilt. Dauer 57:07.

CD Saint Germain ISBN 978-3-933470-50-8 EUR 19,90/CHF 32,90

1.) Einführung 2.) Reinigungsmeditation Violette Flamme 3.-9.)
Anrufung Nr. 1-7 10.) Meditation Dreifaltige Flamme 11.)
Anrufung ICH BIN Gegenwart 12.) Übung ICH BIN Kraft 13.)
Anrufung der göttlichen Liebe 14.) Entfaltung der göttlichen
Liebe 15.) Affirmation 16.) Schutzmantel Meditation. Gesamt-
spieldauer 79:35.

....

Neue Trilogie geführte Meditations CDs
Paketangebot 3 CDs im Set für EUR 54,90/CHF 89,90
Einzeln je EUR 19,90/CHF 32,90

Inhalt CD ICH BIN:
1.) Einführung 1:57 2.) ICH BIN ICH 14:12 3.) ICH BIN
Gebete 9:11 4.) Bannkreis 21:59 5.) Affirmationen 12:58
Sprecher und Autor: Rudolf Lippert

Inhalt CD Metatron:
1.) Einführung 2:12 2.) Anrufung Metatron 1:26 3.) Gebet Metatrons - Das permanente Bewusstsein 18:39 4.) Heilung & Wunscherfüllung 21:38 5.) Verschmelzen mit dem Licht 8:58
Sprecher und Autor: Rudolf Lippert

Inhalt CD Maria:
1.) Einleitung 1:29 2.) Herzensverbindung, Schutz und Begleitung 8:53 3.) Hingabe 11:05 4.) Transformation und Heilung 19:25 5.) Kurzübung - Einstimmung auf den Kontakt mit Mutter Maria 2:06 6.) Göttliche Kraft in dir 15:27
Sprecherin und Autorin: Renate Lippert

....

Die Arcturianer - 4 Bände von David K. Miller,

Band 1: Verbindung mit den Arcturianern
266S. , broschur EUR 21,90/CHF 40,80 ISBN 978-3-933470-21-8

Band 2: Die Lehren vom Heiligen Dreieck Buch 1
Buch incl. CD
266S., broschur, EUR 27,90/CHF 51,80 ISBN 978-3-933470-22-5

Band 3: Die Lehren vom Heiligen Dreieck Buch 2
272 S., br., Vierfarbtafeln, EUR 22,90/CHF 41,80, ISBN 978-3-933470-24-2

Band 4: Die Lehren vom Heiligen Dreieck Buch 3
296 S., br., EUR 22,90/CHF 41,80, ISBN 978-3-933470-25-6

....

Renate Lippert - Das Geheimnis der Bejahungen

- Ein täglicher Begleiter für das spirituelle Wachstum

96S., broschur, EUR 12,90/CHF 21,90 ISBN 3-933470-12-9

Eine umfassende Auflistung sehr wirkungsvoller Bejahungen für die verschiedenen Bereiche des Lebens wie Gesundheit, Erfolg, Wohlstand, Glück, spirituelles Wachstum etc. lässt dieses Buch zu einem unverzichtbaren täglichen Begleiter werden.

Kiara Windrider - Das Portal zur Ewigkeit

Brosch. 400S., 13farbig, ISBN 3-933470-20-X EUR 24,90/CHF 49,90

"...Das Portal zur Ewigkeit ist genau das, was der Titel verspricht und bringt den Leser punktgenau in das Herz, die Gedanken und den Geist dessen, was IN EWIGKEIT EXISTIERT. Eine der intensivsten Beschreibungen einer Reise durch die großen Mysterien des Lebens, gleichzeitig jedoch auch eine der liebevollsten und sanftesten. Ein Muss für alle, welche die wahre Natur der Realität, des Aufstiegs, des Wachstums und des Seins erforschen wollen." *Rev. Janna S. Parker, Channel für Quan Yin.*

Dr. Joshua David Stone: Kosmischer Aufstieg

- Dein kosmischer Wegweiser nach Hause.

416 S. geb., EUR 29,90/CHF 54,80 ISBN 978-3-933470-74-4

Nahezu alle Bücher zum Thema Aufstieg befassen sich mit dem planetaren Aufstieg, doch durch die momentanen außergewöhnlichen Zeiten entstand auch die Möglichkeit, mit dem kosmischen Aufstiegsprozess zu beginnen. Den planetaren Aufstieg erlangen wir mit Vollendung der 7. Einweihung. Beim kosmischen Aufstieg kehren wir die 352 Ebenen zu Gott zurück. Jede Einweihung bedeutet eine Erweiterung des Bewusstseins und eine Zunahme der Frequenz und des Lichts. Dabei sind alle Schritte vonBedeutung. Jede Ebene gilt es zu stabilisieren, sie zu erhöhen und auf ihr zu dienen, bis wir auf die nächste Ebene gelangen können